5. Schuljahr

J. Krampe & R. Mittelmann

Mathe-Training zur Wiederholung & Festigung

5

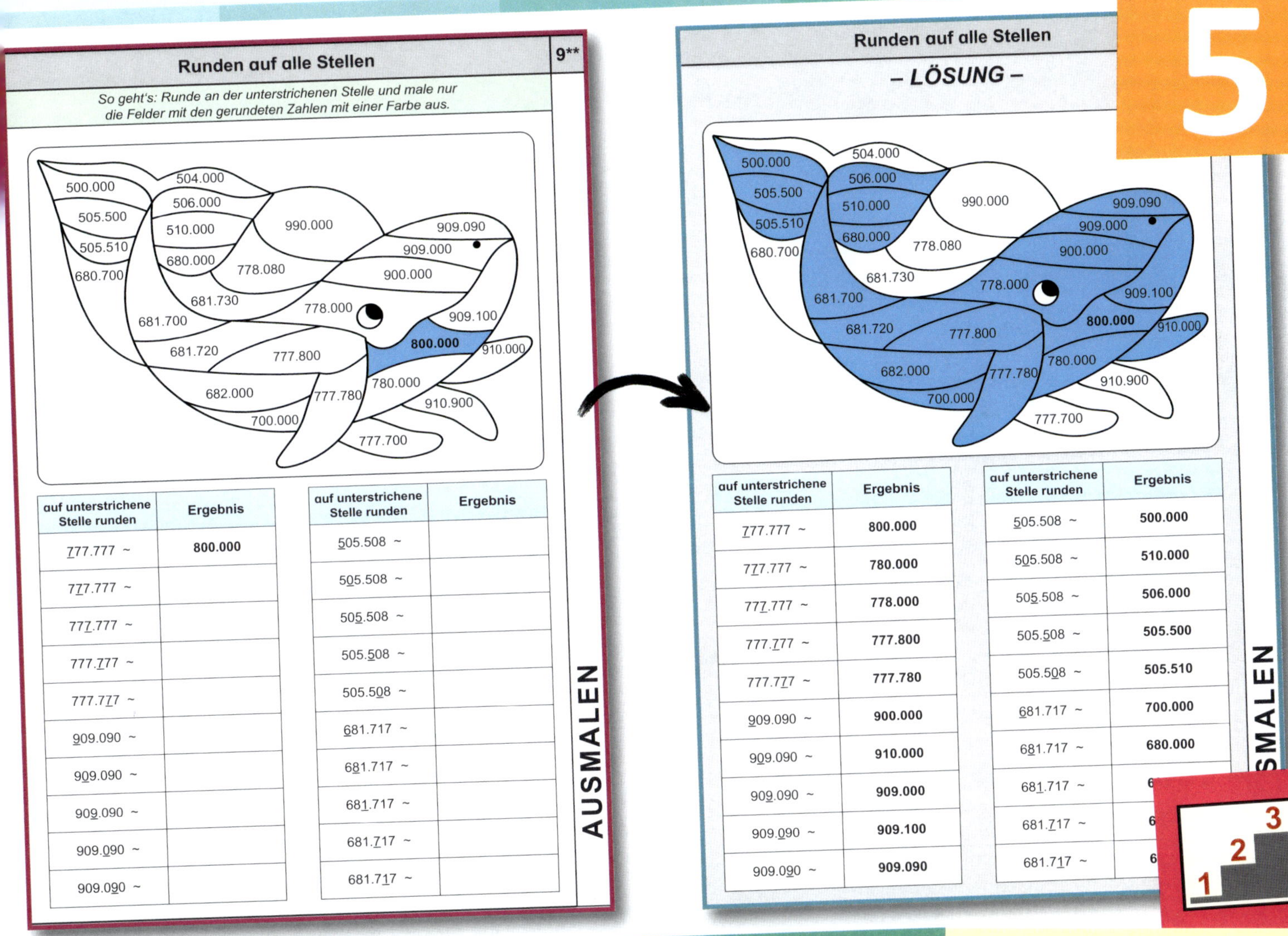

Runden auf alle Stellen 9**

So geht's: Runde an der unterstrichenen Stelle und male nur die Felder mit den gerundeten Zahlen mit einer Farbe aus.

auf unterstrichene Stelle runden	Ergebnis
777.777 ~	800.000
777.777 ~	
777.777 ~	
777.777 ~	
777.777 ~	
909.090 ~	
909.090 ~	
909.090 ~	
909.090 ~	
909.090 ~	

auf unterstrichene Stelle runden	Ergebnis
505.508 ~	
505.508 ~	
505.508 ~	
505.508 ~	
505.508 ~	
681.717 ~	
681.717 ~	
681.717 ~	
681.717 ~	
681.717 ~	

AUSMALEN

Runden auf alle Stellen

– LÖSUNG –

auf unterstrichene Stelle runden	Ergebnis
777.777 ~	800.000
777.777 ~	780.000
777.777 ~	778.000
777.777 ~	777.800
777.777 ~	777.780
909.090 ~	900.000
909.090 ~	910.000
909.090 ~	909.000
909.090 ~	909.100
909.090 ~	909.090

auf unterstrichene Stelle runden	Ergebnis
505.508 ~	500.000
505.508 ~	510.000
505.508 ~	506.000
505.508 ~	505.500
505.508 ~	505.510
681.717 ~	700.000
681.717 ~	680.000
681.717 ~	6
681.717 ~	6
681.717 ~	6

SMALEN

1 2 3

- 45 motivierende Übungen
- 3 Differenzierungsstufen
- Erfolg durch Selbstkontrolle

www.kohlverlag.de

Mathe-Training ... zur Wiederholung & Festigung / Klasse 5

45 motivierende Übungen in 3 Differenzierungsstufen

1. Auflage 2024

Inhalt: Jörg Krampe und Rolf Mittelmann
Umschlagbild: Kohl-Verlag
Redaktion: Kohl-Verlag
Grafik & Satz: Kohl-Verlag
Druck: Druckerei Flock, Köln

Bestell-Nr. 13 025

ISBN: 978-3-98841-059-7

Bildquellen © AdobeStock.com:

S. 5+6: palau83; **S. 7+8:** natchapohn; **S. 9+10:** natchapohn; **S. 11:** peacefully7; **S. 13:** binik; **S. 15:** warmworld; **S: 17+18:** Lexi Claus; **S. 19+20:** Lexi Claus; **S. 21+22:** Lexi Claus; **S. 23+24:** Lexi Claus; **S. 25+26:** KidLand; **S. 27:** natchapohn; **S. 29+30:** Smileus; **S. 31+32:** Nikolajs Selusenkovs; **S. 33+34:** Elnur; **S. 35+36:** clelia-clelia; **S. 37+38:** Lexi Claus; **S. 39+40:** Lexi Claus; **S. 41+42:** Lexi Claus; **S. 43+44:** Lexi Claus; **S. 45+46:** Lexi Claus; **S. 47:** Altop Media; **S. 49:** lembergvector; **S. 51:** 4zevar; **S. 53+54:** Adrian de la Paz; **S. 55+56:** markrhiggins; **S. 57+58:** Anna Om; **S. 59+60:** natchapohn; **S. 61+62:** Betswork; **S. 63+64:** Lexi Claus; **S. 65+66:** webmuza; **S. 67+68:** Lexi Claus; **S. 69+70:** Lexi Claus; **S. 71:** zo3listic; **S. 73:** summer orange; **S. 75:** Jane Kelly; **S. 77+78:** Aletheia Shade; **S. 79+80:** Lexi Claus; **S. 81+82:** abbydesign; **S. 83+84:** Nataliia Pyzhova; **S. 85+86:** Maya Kruchancova; **S. 85+86:** Hafiez Razali; **S. 89+90:** ALIFJOARDER; **S. 91+92:** ALIFJOARDER; **S. 93+94:** Lexi Claus

Der vorliegende Band ist eine Print-Einzellizenz

Sie wollen unsere Kopiervorlagen auch digital nutzen? Kein Problem – fast das gesamte KOHL-Sortiment ist auch sofort als PDF-Download erhältlich! Wir haben verschiedene Lizenzmodelle zur Auswahl:

	Print-Version	PDF-Einzellizenz	PDF-Schullizenz	Kombipaket Print & PDF-Einzellizenz	Kombipaket Print & PDF-Schullizenz
Unbefristete Nutzung der Materialien	x	x	x	x	x
Vervielfältigung, Weitergabe und Einsatz der Materialien im eigenen Unterricht	x	x	x	x	x
Nutzung der Materialien durch alle Lehrkräfte des Kollegiums an der lizenzierten Schule			x		x
Einstellen des Materials im Intranet oder Schulserver der Institution			x		x

Die erweiterten Lizenzmodelle zu diesem Titel sind jederzeit im Online-Shop unter www.kohlverlag.de erhältlich.

Inhaltsverzeichnis

Differenzierung:

ohne Stern: Basiswissen, Basisniveau
mit* : Grundwissen, mittleres Niveau
mit : Erweitertes Wissen, anspruchsvolleres Niveau**

Vorwort

Liebe Kolleginnen, liebe Kollegen,

diese Sammlung von Kopiervorlagen orientiert sich an den wesentlichen Inhalten der Mathematik im 5. Schuljahr.

Dabei geht es gleichermaßen um Aufgaben zum Lernen wie auch zum Leisten. So erhält die Lehrperson zusätzliche Übungen, die das Aufgabenmaterial *unabhängig vom Schulbuch* ergänzen können.

Eine besondere Eigenschaft der Übungen ist die *konsequente Differenzierung* der Lerninhalte in 3 Schwierigkeitsstufen je Thema. Dabei wurde bewusst die jeweilige Übungsform beibehalten, um der Lehrperson den parallelen Einsatz zu erleichtern.

Die Übungen zum gleichen Thema können auch nacheinander eingesetzt werden, um die Leistungsfähigkeit und Sicherheit zu testen.

Eine weitere Besonderheit der einzelnen Übungseinheiten ist die *Selbstkontrollmöglichkeit* und deren Gestaltung durch *motivierende* leicht verständliche *Spielformen*, meist mit figürlichen Lösungen in 4 verschiedenen Variationen.

Das exakt gegliederte Inhaltsverzeichnis mit Angabe des Lerninhalts, des Differenzierungsniveaus und der Art der Selbstkontrolle, der überschaubare Umfang von maximal 20 Aufgaben mit kurzem Arbeitsauftrag auf jeder Seite und die gute Verfügbarkeit als Kopiervorlage ermöglicht einen schnellen zielgerichteten Zugriff und damit einen effektiven Einsatz in *differenzierten Übungsphasen* des Unterrichts, als kurze *Lernstandskontrolle*, im *Förderunterricht*, als *Hausaufgaben* oder in *Vertretungsstunden*.

Diese Kopiervorlagen unterstützen gerade durch die selbstständig zu bearbeitenden und selbst kontrollierbaren Aufgaben die geforderte Selbstständigkeit des Lernenden.

In diesem Sinne – viel Spaß wünschen der Kohl-Verlag sowie

Jörg Krampe & Rolf Mittelmann

Jörg Krampe und Rolf Mittelmann ...

- ➔ langjährig erfahrene Lehrer und Rektoren an Grund- und Hauptschulen
- ➔ Erfahrungen in der Lehrerausbildung als Fachleiter bzw. stellvertretender Seminarleiter
- ➔ Schulbuchautoren
- ➔ zahlreiche Publikationen zu methodischen und didaktischen Themen verschiedener Fächer der Primar- und Sekundarstufe I, besonders zu Lern- und Übungsspielen

Vom Zahlwort zur Ziffer

1

So geht's: Schreibe die Zahlwörter mit Ziffern und verbinde die Punkte im Bild in der Reihenfolge der Ergebnisse.

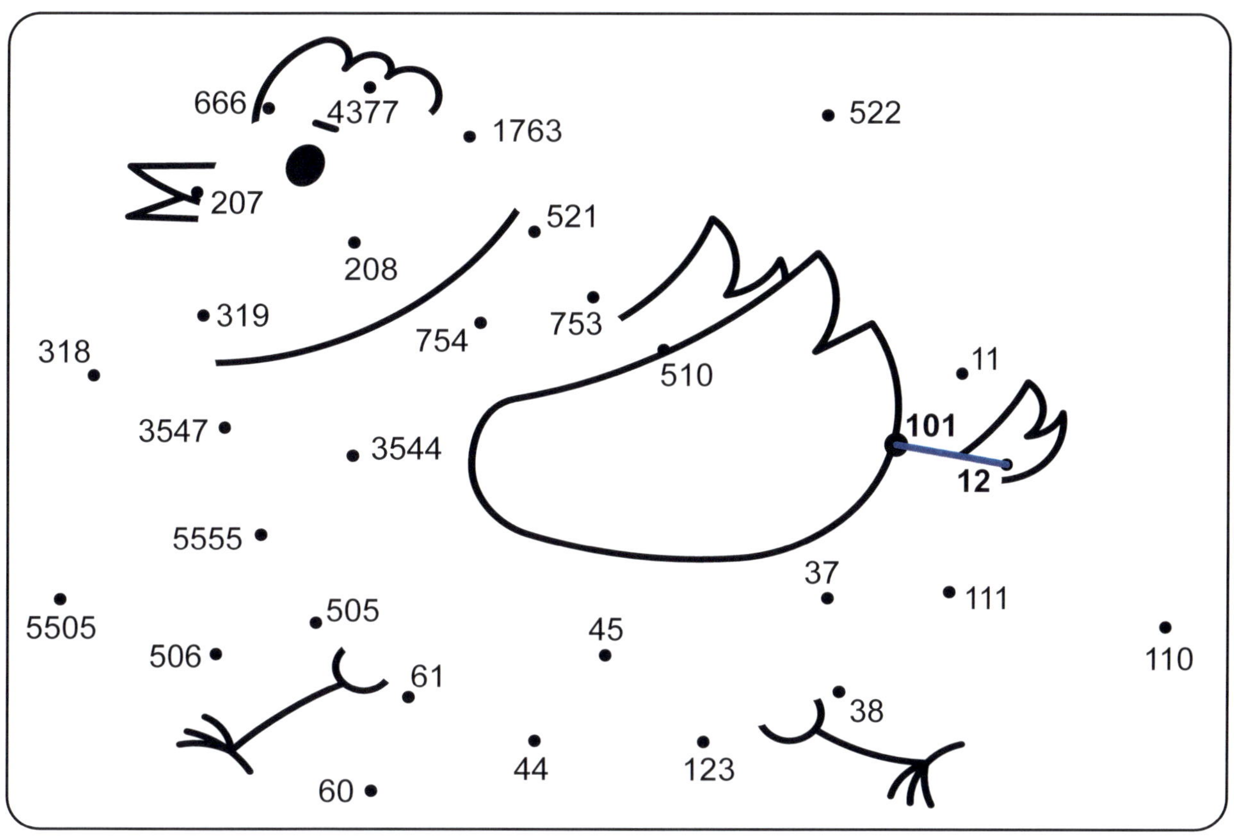

Aufgabe	Ergebnis
einhunderteins	**101**
zwölf	**12**
einhundertelf	
achtunddreißig	
einhundertdreiundzwanzig	
vierundvierzig	
einundsechszig	
fünfhundertundfünf	
fünftausendfünfhundertfünfundfünfzig	
dreitausendfünfhundertsiebenundvierzig	
dreihundertneunzehn	
zweihundertsieben	
sechshundertsechsundsechzig	
viertausenddreihundertsiebenundsiebzig	
eintausendsiebenhundertdreiundsechzig	
fünfhunderteinundzwanzig	
siebenhundertdreiundfünfzig	
fünfhundertzehn	

KOHL VERLAG MATHE-TRAINING ... zur Wiederholung & Festigung / Klasse 5 – Bestell-Nr. 13 025

Vom Zahlwort zur Ziffer

– LÖSUNG –

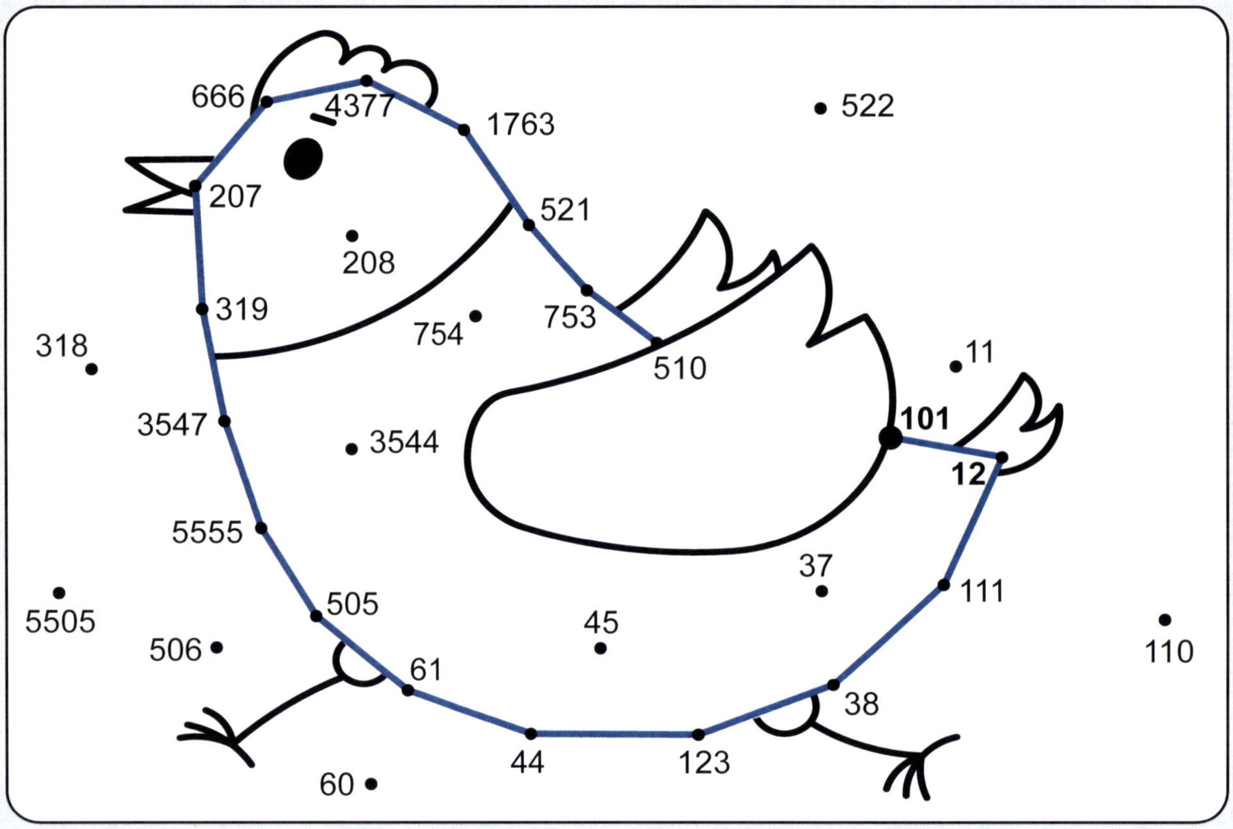

Aufgabe	Ergebnis
einhunderteins	**101**
zwölf	**12**
einhundertelf	**111**
achtunddreißig	**38**
einhundertdreiundzwanzig	**123**
vierundvierzig	**44**
einundsechszig	**61**
fünfhundertundfünf	**505**
fünftausendfünfhundertfünfundfünfzig	**5555**
dreitausendfünfhundertsiebenundvierzig	**3547**
dreihundertneunzehn	**319**
zweihundertsieben	**207**
sechshundertsechsundsechzig	**666**
viertausenddreihundertsiebenundsiebzig	**4377**
eintausendsiebenhundertdreiundsechzig	**1763**
fünfhunderteinundzwanzig	**521**
siebenhundertdreiundfünfzig	**753**
fünfhundertzehn	**510**

Vom Zahlwort zur Ziffer

2*

So geht's: Schreibe die Zahlwörter mit Ziffern und verbinde die Punkte im Bild in der Reihenfolge der Ergebnisse.

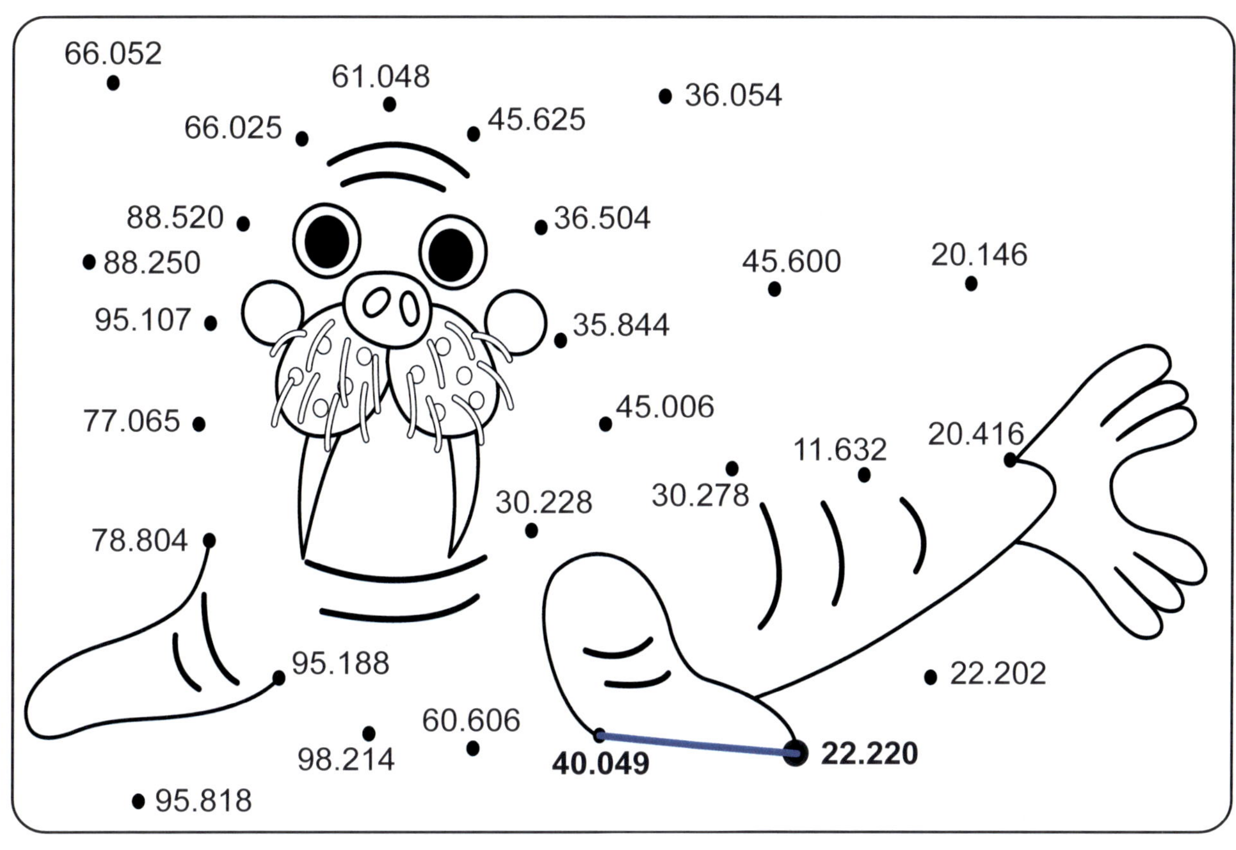

Aufgabe	Ergebnis
zweiundzwanzigtausendzweihundertzwanzig	**22.220**
vierzigtausendneunundvierzig	**40.049**
sechzigtausendsechshundertsechs	
achtundneunzigtausendzweihundertvierzehn	
fünfundneunzigtausendeinhundertachtundachtzig	
achtundsiebzigtausendachthundertvier	
siebenundsiebzigtausendfünfundsechzig	
fünfundneunzigtausendeinhundertsieben	
achtundachtzigtausendfünfhundertzwanzig	
sechsundsechzigtausendfünfundzwanzig	
einundsechzigtausendachtundvierzig	
fünfundvierzigtausendsechshundertfünfundzwanzig	
sechsunddreißigtausendfünfhundertvier	
fünfunddreißigtausendachthundertvierundvierzig	
fünfundvierzigtausendsechs	
dreißigtausendzweihundertachtundsiebzig	
elftausendsechshundertzweiunddreißig	
zwanzigtausendvierhundertsechzehn	

BILD AUS PUNKTEN

KOHL VERLAG MATHE-TRAINING ... zur Wiederholung & Festigung / Klasse 5 – Bestell-Nr. 13 025

– LÖSUNG –

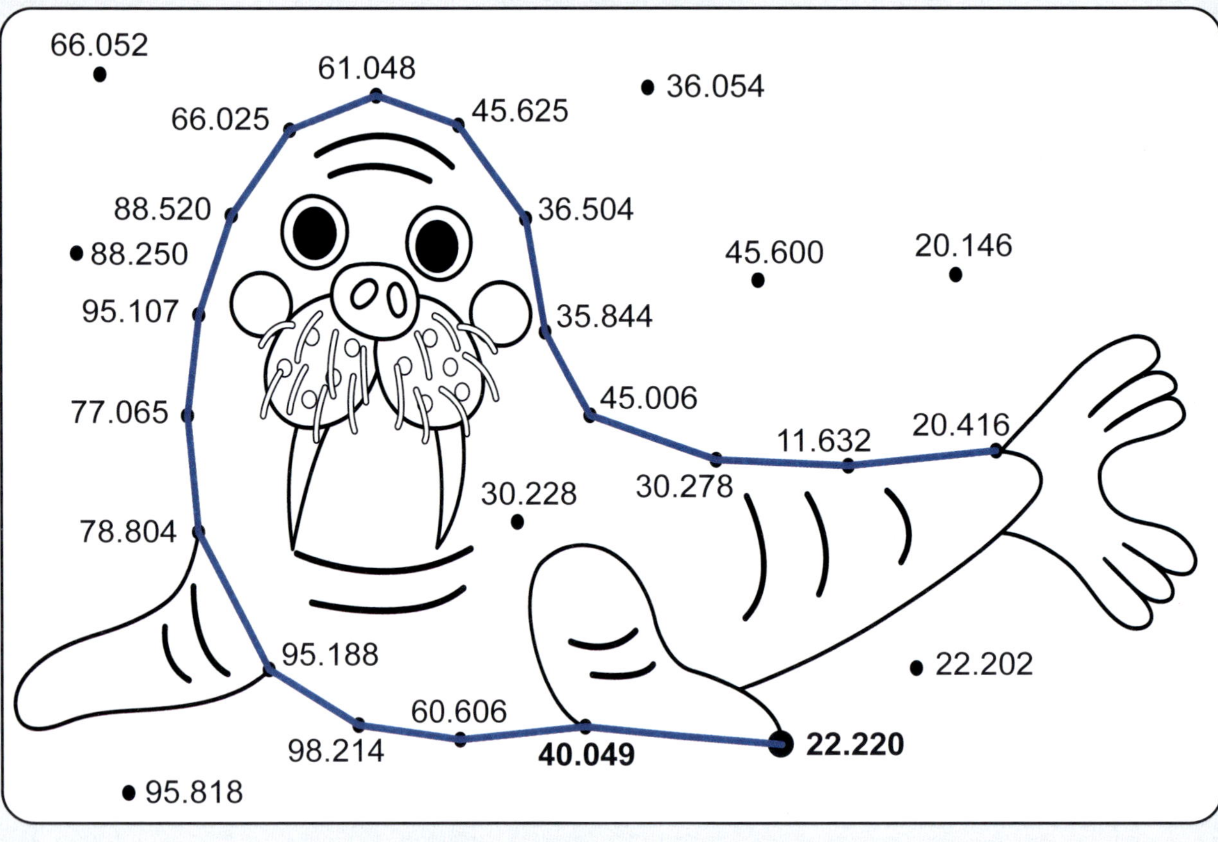

Aufgabe	Ergebnis
zweiundzwanzigtausendzweihundertzwanzig	**22.220**
vierzigtausendneunundvierzig	**40.049**
sechzigtausendsechshundertsechs	**60.606**
achtundneunzigtausendzweihundertvierzehn	**98.214**
fünfundneunzigtausendeinhundertachtundachtzig	**95.188**
achtundsiebzigtausendachthundertvier	**78.804**
siebenundsiebzigtausendfünfundsechzig	**77.065**
fünfundneunzigtausendeinhundertsieben	**95.107**
achtundachtzigtausendfünfhundertzwanzig	**88.520**
sechsundsechzigtausendfünfundzwanzig	**66.025**
einundsechzigtausendachtundvierzig	**61.048**
fünfundvierzigtausendsechshundertfünfundzwanzig	**45.625**
sechsunddreißigtausendfünfhundertvier	**36.504**
fünfunddreißigtausendachthundertvierundvierzig	**35.844**
fünfundvierzigtausendsechs	**45.006**
dreißigtausendzweihundertachtundsiebzig	**30.278**
elftausendsechshundertzweiunddreißig	**11.632**
zwanzigtausendvierhundertsechzehn	**20.416**

BILD AUS PUNKTEN

Vom Zahlwort zur Ziffer

3**

So geht's: Schreibe die Zahlwörter mit Ziffern, bilde die Quersumme der Ergebnisse und verbinde die Punkte im Bild in der Reihenfolge der Aufgaben. QS = Quersumme: Zähle alle Ziffern der Zahl im Ergebnis zusammen.

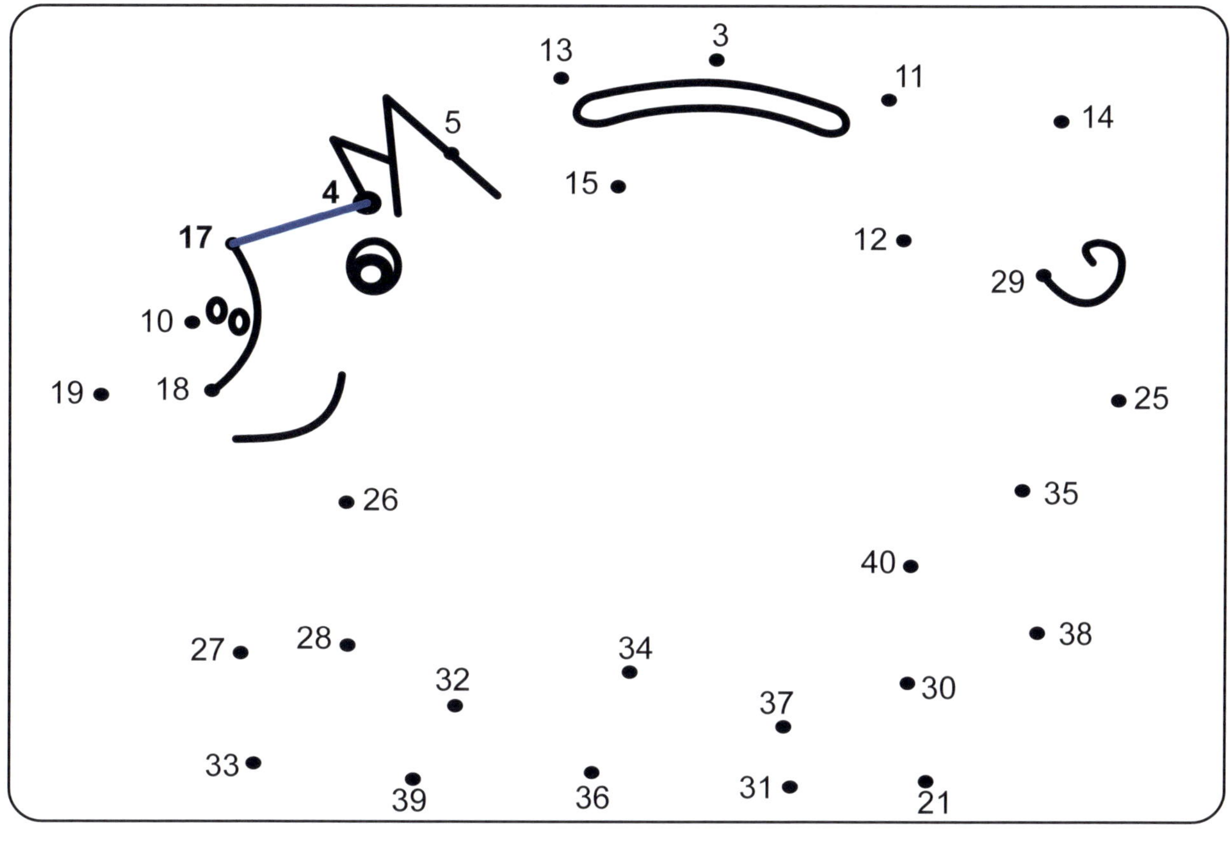

Aufgabe	Ergebnis	QS
einhunderttausendeinhundertzwanzig	**100.120**	**4**
neunhundertzehntausendsieben	**910.007**	**17**
zwei Millionen zweihunderttausenddreihundertdrei		
sieben Millionen sechshundertzweitausendeinhundertzwei		
achthundertsechstausendfünfhundertvierundfünfzig		
neunhundertachtundsechzigtausenddreiundsiebzig		
acht Millionen neunhundertsechsundneunzigtausendsiebzig		
sechs Millionen achthundertsechstausendsechsundsechzig		
neun Millionen fünfhundertneunzigtausendsechshundertacht		
fünf Millionen fünfhundertfünfzigtausendachthundertacht		
dreihundertsiebentausendachthunderteinundzwanzig		
siebenhundertneunundachtzigtausendsechs		
neunhundertneunzigtausendneunundachtzig		
achthundertsechstausendfünfhundertfünfundfünfzig		
eine Million fünfhundertzweitausendeinhundertzwei		
eine Million zehntausendeinhundert		
dreihundertvierzigtausendsechzig		
drei Millionen zwei		

BILD AUS PUNKTEN

MATHE-TRAINING ... zur Wiederholung & Festigung / Klasse 5 – Bestell-Nr. 13 025
KOHL VERLAG

Vom Zahlwort zur Ziffer

– LÖSUNG –

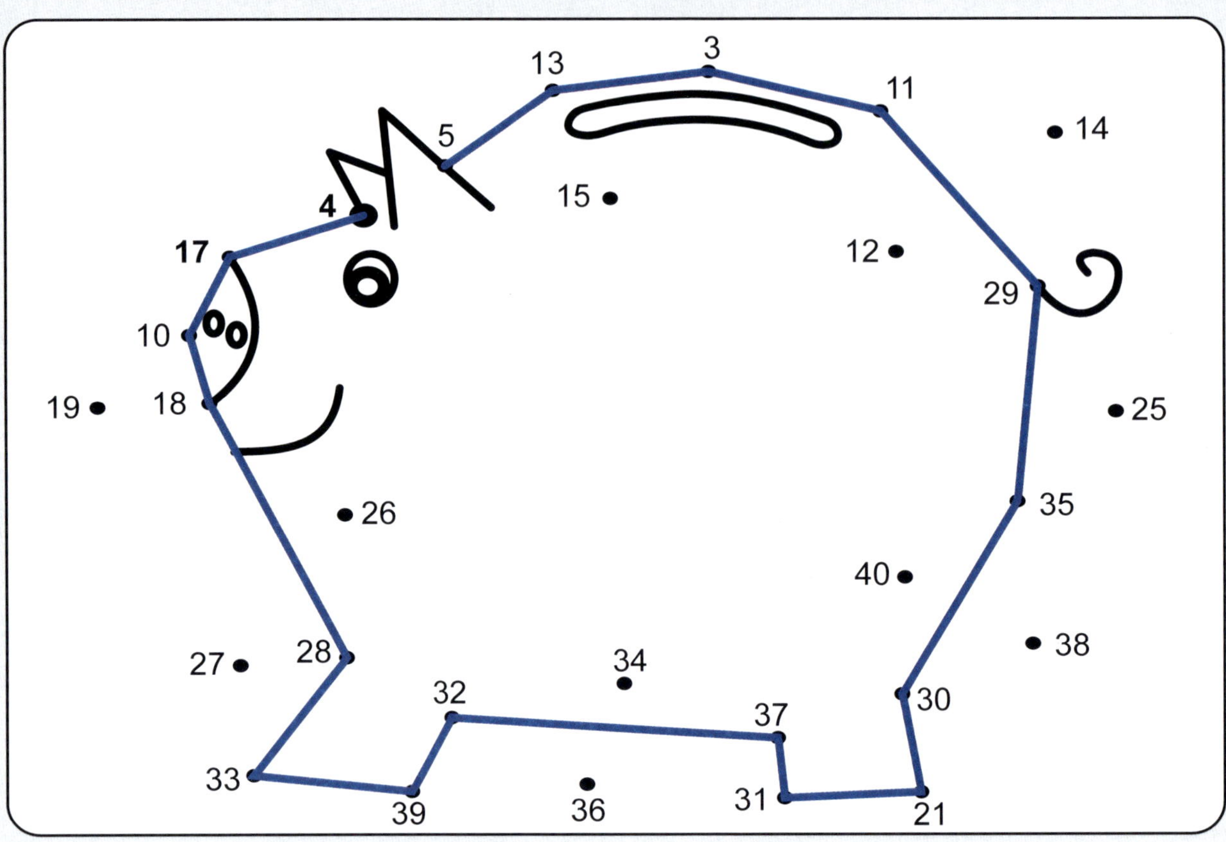

Aufgabe	Ergebnis	QS
einhunderttausendeinhundertzwanzig	100.120	**4**
neunhundertzehntausendsieben	910.007	**17**
zwei Millionen zweihunderttausenddreihundertdrei	2.200.303	**10**
sieben Millionen sechshundertzweitausendeinhundertzwei	7.602.102	**18**
achthundertsechstausendfünfhundertvierundfünfzig	806.554	**28**
neunhundertachtundsechzigtausenddreiundsiebzig	968.073	**33**
acht Millionen neunhundertsechsundneunzigtausendsiebzig	8.996.070	**39**
sechs Millionen achthundertsechstausendsechsundsechzig	6.806.066	**32**
neun Millionen fünfhundertneunzigtausendsechshundertacht	9.590.608	**37**
fünf Millionen fünfhundertfünfzigtausendachthundertacht	5.550.808	**31**
dreihundertsiebentausendachthunderteinundzwanzig	307.821	**21**
siebenhundertneunundachtzigtausendsechs	789.006	**30**
neunhundertneunzigtausendneunundachtzig	990.089	**35**
achthundertsechstausendfünfhundertfünfundfünfzig	806.555	**29**
eine Million fünfhundertzweitausendeinhundertzwei	1.502.102	**11**
eine Million zehntausendeinhundert	1.010.100	**3**
dreihundertvierzigtausendsechzig	340.060	**13**
drei Millionen zwei	3.000.002	**5**

Zahlenfolgen: Plus- oder Minusaufgaben

4

So geht's: Setze die Zahlenfolgen fort, bestimme den Schritt von Zahl zu Zahl und ordne aus dem Schlüssel die richtigen Buchstaben zu. Du erhältst einen Lösungssatz.

	Folge:						Operator:
a)	20	25	30	**35**		45	**+ 5**
				so			nig
b)	36	32	28			16	
c)	9	20	31			64	
d)	84	72	60			24	
e)	75	60	45			0	
f)	6	13	20			41	
g)	99	85	71			29	

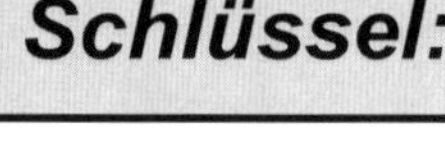

Schlüssel:

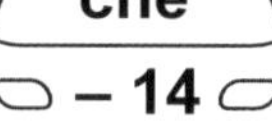

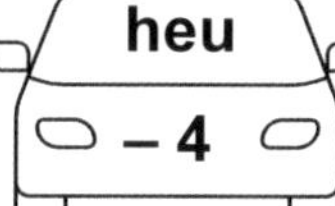

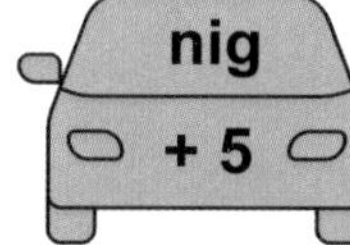

Lösungssatz:

So ______–nig ______ ______ ______–______ ______

______ ______–______ ______–______ ______ ______ ______–______

______–______ ______–______.

GEHEIMSCHRIFT

MATHE-TRAINING ... zur Wiederholung & Festigung / Klasse 5 – Bestell-Nr. 13 025

– LÖSUNG –

	Folge:						Operator:
a)	20	25	30	**35**	**40**	45	**+ 5**
				so	**we**		**nig**
b)	36	32	28	**24**	**20**	16	**– 4**
				Bock	**wie**		**heu**
c)	9	20	31	**42**	**53**	64	**+ 11**
				te	**hatte**		**ich**
d)	84	72	60	**48**	**36**	24	**– 12**
				zu	**letzt**		**ges**
e)	75	60	45	**30**	**15**	0	**– 15**
				tern	**und**		**die**
f)	6	13	20	**27**	**34**	41	**+ 7**
				gan	**ze**		**letz**
g)	99	85	71	**57**	**43**	29	**– 14**
				te	**Wo**		**che**

Lösungssatz:

So wenig Bock wie heute hatte ich zuletzt gestern und die ganze letzte Woche.

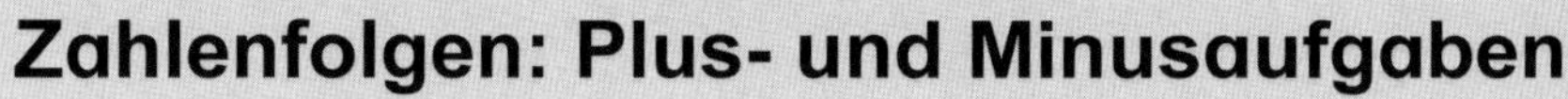

Zahlenfolgen: Plus- und Minusaufgaben

5*

So geht's: Setze die Zahlenfolgen fort und ordne aus dem Schlüssel die richtigen Buchstaben zu. Du erhältst einen Lösungssatz.

	Folge:							
a)	310	320	335	345	**360** / Wie			395
b)	400	395	375	370				320
c)	345	360	355	370				390
d)	350	342	352	344				348
e)	307	329	317	339				359
f)	379	390	375	386				378

Schlüssel:

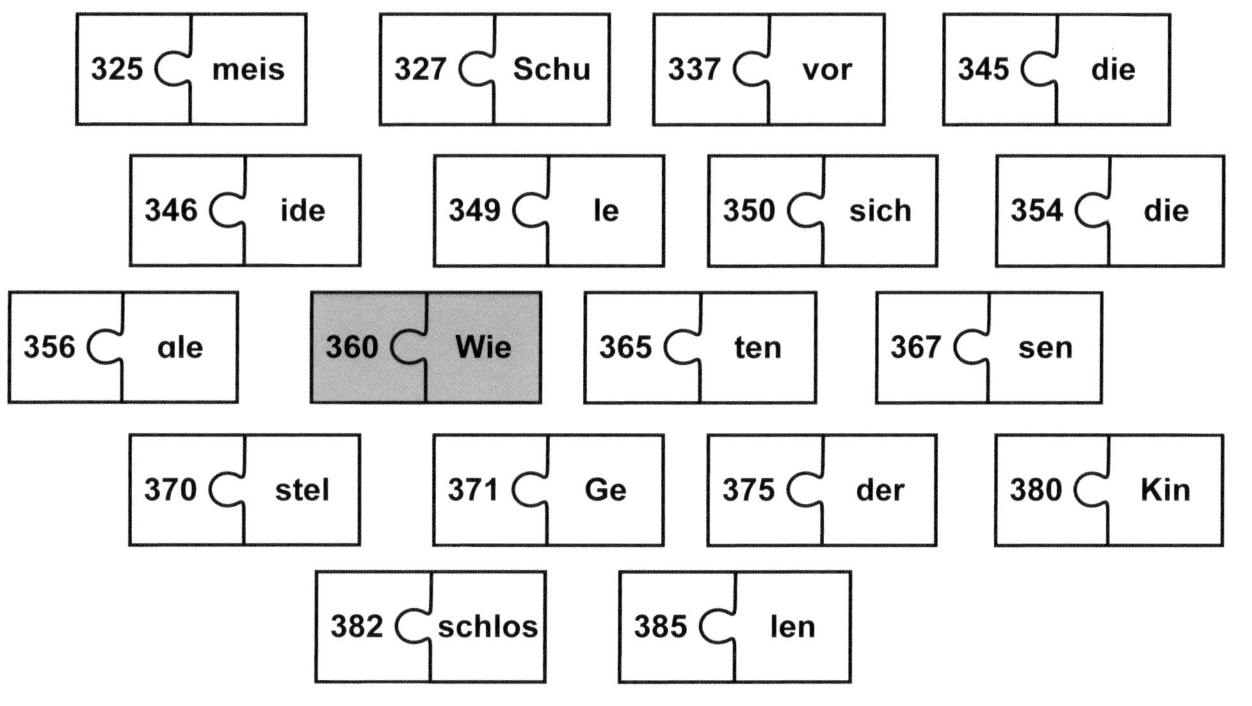

Lösungssatz:

Wie ______ ______–______ ______ ______ ______–______

______–______ ______ ______–______ ______–______ ______?

______–______________–__________!

GEHEIMSCHRIFT

MATHE-TRAINING ... zur Wiederholung & Festigung / Klasse 5 – Bestell-Nr. 13 025
KOHL VERLAG

Zahlenfolgen: Plus- und Minusaufgaben

5*

– LÖSUNG –

Folge:

a)	310	320	335	345	**360**	**370**	**385**	395
					wie	**stel**	**len**	
b)	400	395	375	370	**350**	**345**	**325**	320
					sich	**die**	**meis**	
c)	345	360	355	370	**365**	**380**	**375**	390
					ten	**Kin**	**der**	
d)	350	342	352	344	**354**	**346**	**356**	348
					die	**ide**	**ale**	
e)	307	329	317	339	**327**	**349**	**337**	359
					Schu	**le**	**vor**	
f)	379	390	375	386	**371**	**382**	**367**	378
					Ge	**schlos**	**sen**	

Lösungssatz:

Wie stellen sich die meisten Kinder die ideale Schule vor? Geschlossen!

GEHEIMSCHRIFT

MATHE-TRAINING

Zahlenfolgen: Alle Rechenarten

6**

So geht's: Setze die Zahlenfolgen fort und ordne aus dem Schlüssel die richtigen Buchstaben zu. Du erhältst einen Lösungssatz.

Folge:

a)	2	6	18	54	**162**			4374
					Das			
b)	512	256	128	64				4
c)	3	6	8	16				76
d)	230	220	110	100				10
e)	16	64	32	128				512
f)	2	6	12	36				1296

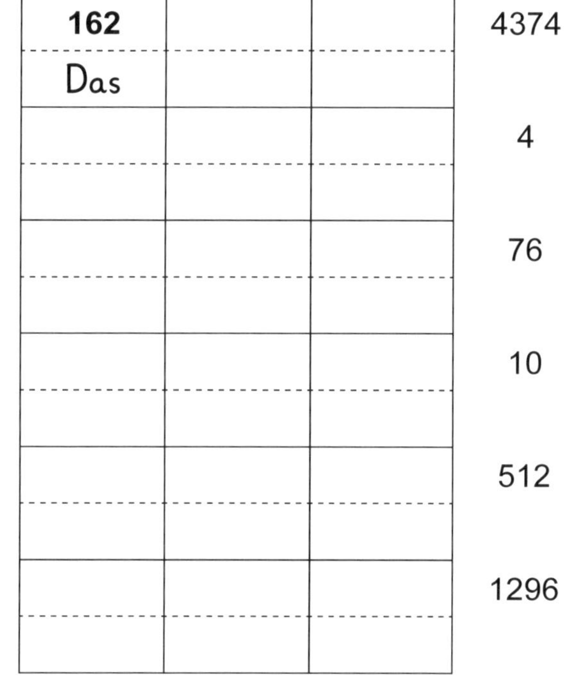

Schlüssel:

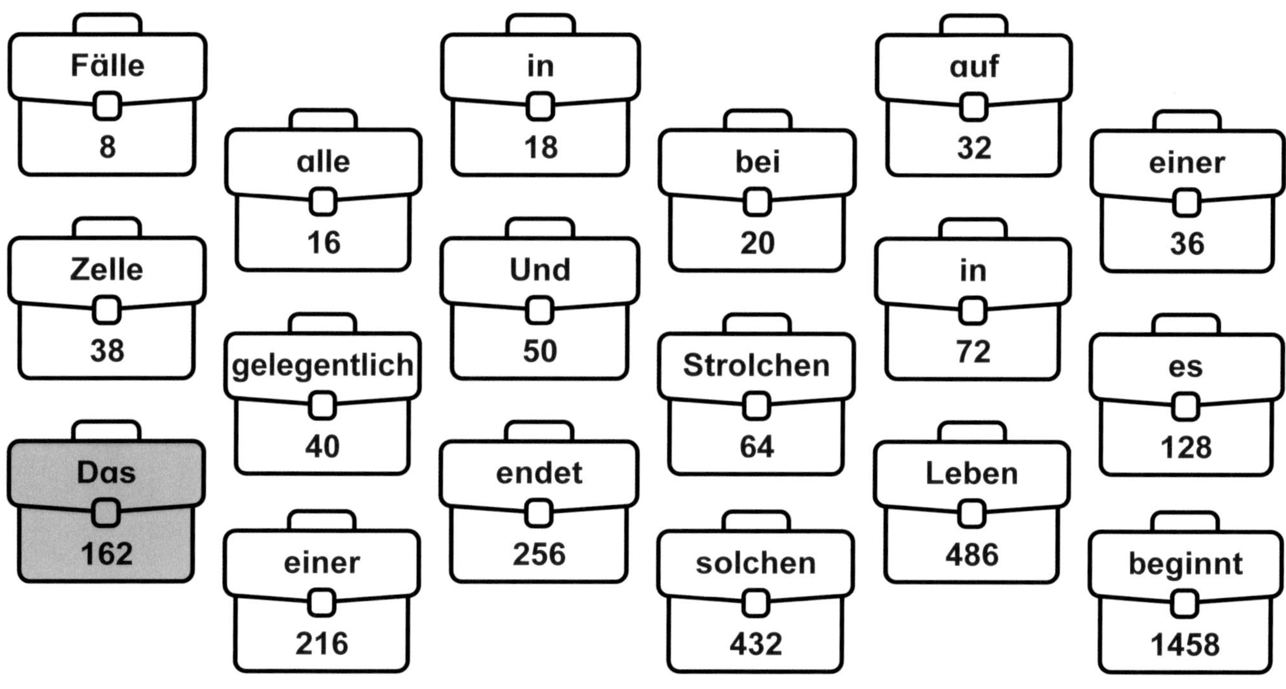

Lösungssatz:

Das ______ ______ ______ ______ ______ ______ ______

______ ______. ______ ______ ______

______ ______ ______ ______ ______ ______.

GEHEIMSCHRIFT

MATHE-TRAINING ... zur Wiederholung & Festigung / Klasse 5 – Bestell-Nr. 13 025
KOHL VERLAG

Zahlenfolgen: Alle Rechenarten

6**

– LÖSUNG –

Folge:

a)	2	6	18	54	**162**	**486**	**1458**	4374
					Das	**Leben**	**beginnt**	
b)	512	256	128	64	**32**	**16**	**8**	4
					auf	**alle**	**Fälle**	
c)	3	6	8	16	**18**	**36**	**38**	76
					in	**einer**	**Zelle**	
d)	230	220	110	100	**50**	**40**	**20**	10
					Und	**gelegent-lich**	**bei**	
e)	16	64	32	128	**64**	**256**	**128**	512
					Strolchen	**endet**	**es**	
f)	2	6	12	36	**72**	**216**	**432**	1296
					in	**einer**	**solchen**	

Lösungssatz:

Das Leben beginnt auf alle Fälle in einer Zelle. Und gelegentlich bei Strolchen endet es in einer solchen.

GEHEIMSCHRIFT

MATHE-TRAINING

Runden auf die 1. oder 2. Stelle

So geht's: Runde an der unterstrichenen Stelle und male nur die Felder mit den gerundeten Zahlen mit einer Farbe aus.

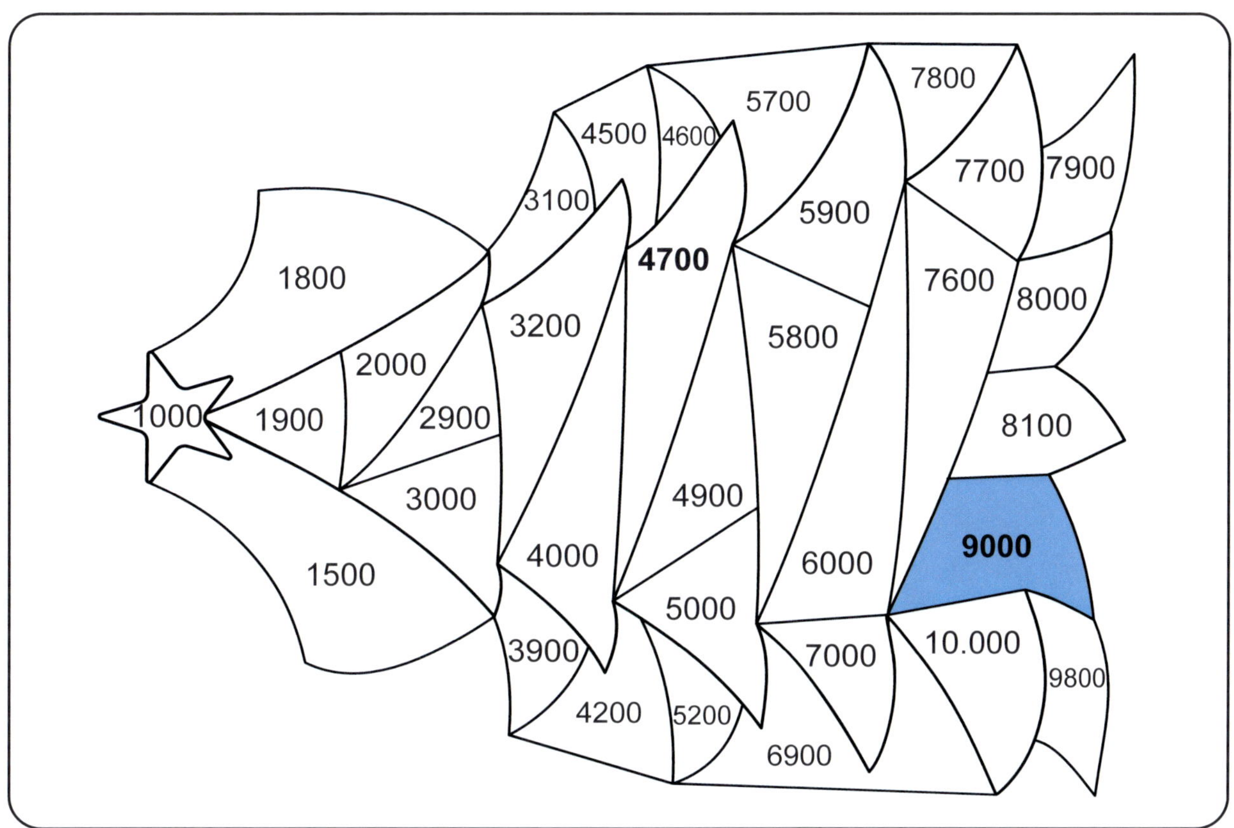

Runden auf die 1. Stelle	Ergebnis
8912 ~	**9000**
6500 ~	
8499 ~	
1091 ~	
9610 ~	
4444 ~	
2128 ~	
2555 ~	
5409 ~	
5509 ~	

Runden auf die 2. Stelle	Ergebnis
4713 ~	
5888 ~	
7666 ~	
3209 ~	
8070 ~	
1940 ~	
2940 ~	
4891 ~	
7649 ~	
5818 ~	

AUSMALEN

MATHE-TRAINING ... zur Wiederholung & Festigung / Klasse 5 – Bestell-Nr. 13 025

– LÖSUNG –

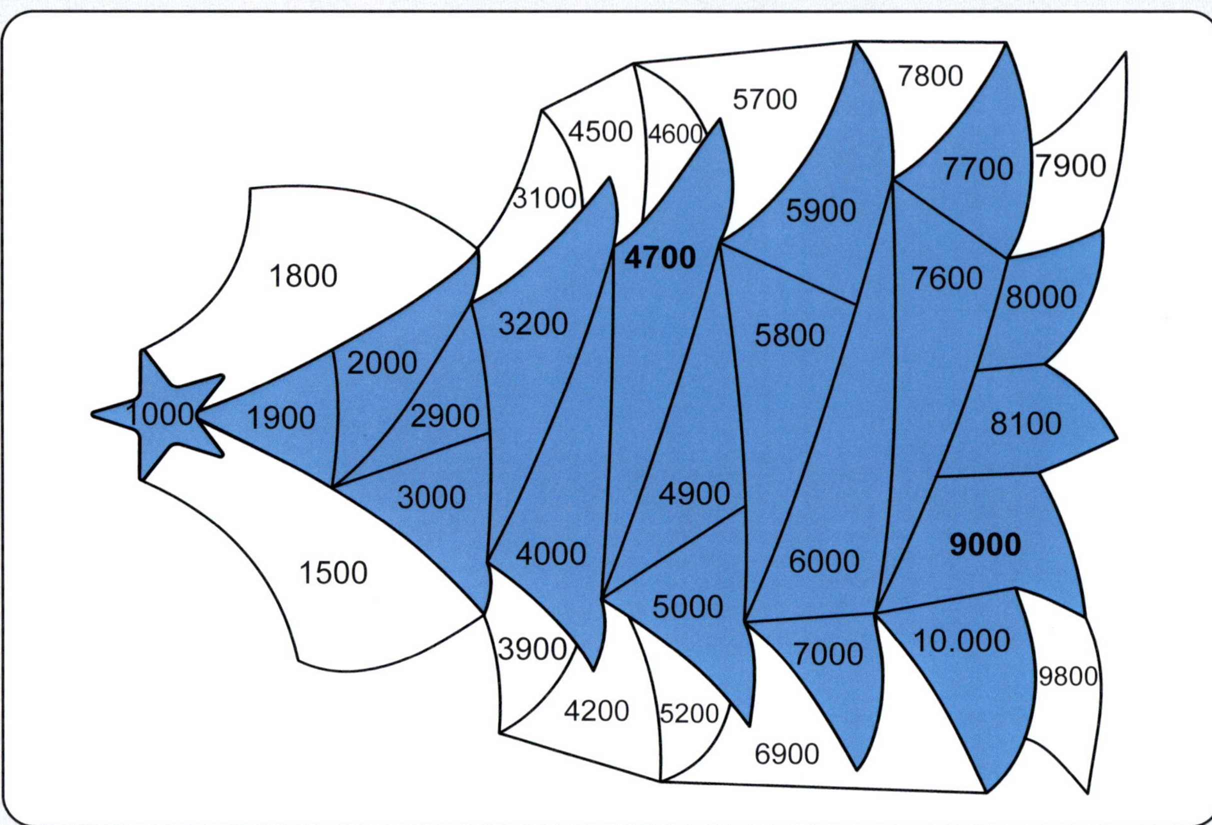

Runden auf die 1. Stelle	Ergebnis
8912 ~	**9000**
6500 ~	**7000**
8499 ~	**8000**
1091 ~	**1000**
9610 ~	**10.000**
4444 ~	**4000**
2128 ~	**2000**
2555 ~	**3000**
5409 ~	**5000**
5509 ~	**6000**

Runden auf die 2. Stelle	Ergebnis
4713 ~	**4700**
5888 ~	**5900**
7666 ~	**7700**
3209 ~	**3200**
8070 ~	**8100**
1940 ~	**1900**
2940 ~	**2900**
4891 ~	**4900**
7649 ~	**7600**
5818 ~	**5800**

Runden auf verschiedene Stellen

8*

So geht's: Runde an der unterstrichenen Stelle und male nur die Felder mit den gerundeten Zahlen mit einer Farbe aus.

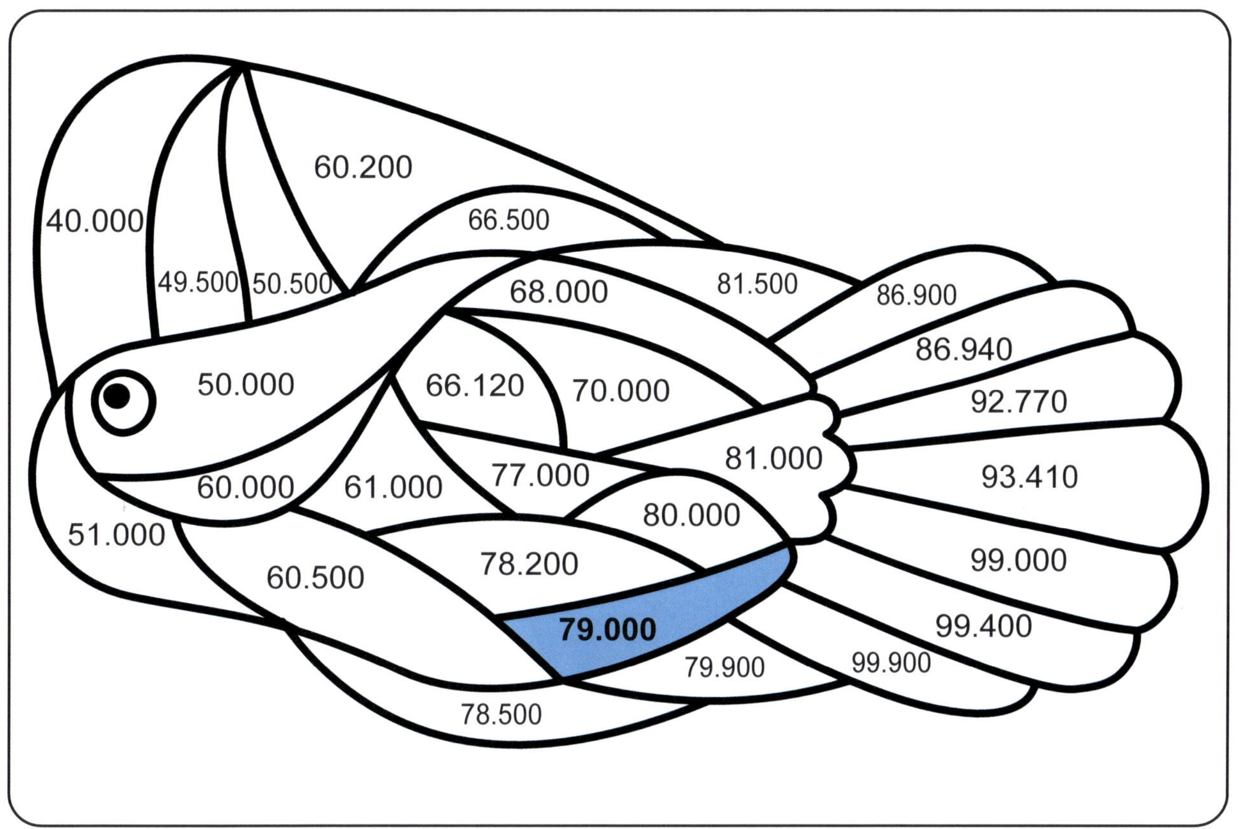

auf unterstrichene Stelle runden	Ergebnis
78.619 ~	**79.000**
66.122 ~	
99.364 ~	
66.666 ~	
78.155 ~	
98.815 ~	
77.277 ~	
53.005 ~	
60.451 ~	
93.411 ~	

auf unterstrichene Stelle runden	Ergebnis
49.518 ~	
55.555 ~	
80.990 ~	
92.771 ~	
79.528 ~	
50.999 ~	
68.498 ~	
44.678 ~	
86.942 ~	
60.606 ~	

AUSMALEN

MATHE-TRAINING ... zur Wiederholung & Festigung / Klasse 5 – Bestell-Nr. 13 025
Lernen mit Erfolg KOHL VERLAG

– LÖSUNG –

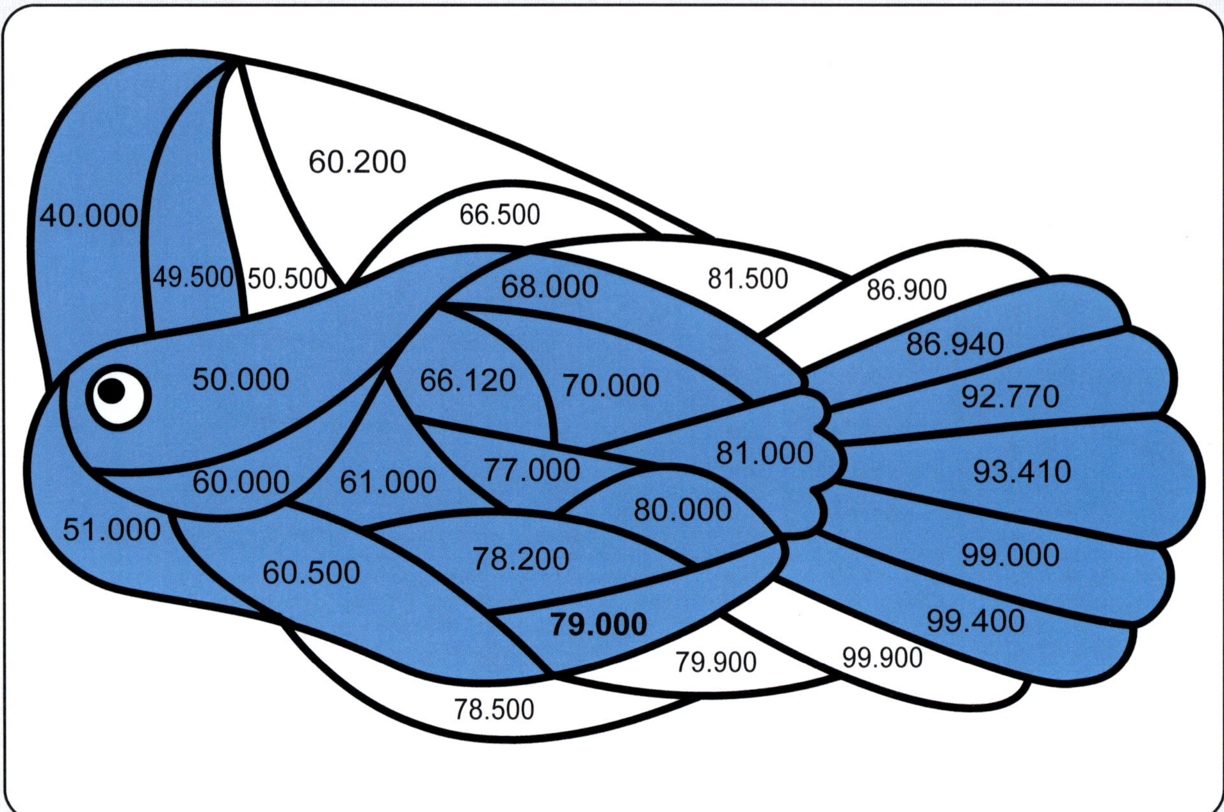

auf unterstrichene Stelle runden	Ergebnis
7<u>8</u>.619 ~	**79.000**
66.1<u>2</u>2 ~	**66.120**
99.<u>3</u>64 ~	**99.400**
<u>6</u>6.666 ~	**70.000**
78.<u>1</u>55 ~	**78.200**
9<u>8</u>.815 ~	**99.000**
7<u>7</u>.277 ~	**77.000**
<u>5</u>3.005 ~	**50.000**
60.<u>4</u>51 ~	**60.500**
93.4<u>1</u>1 ~	**93.410**

auf unterstrichene Stelle runden	Ergebnis
49.<u>5</u>18 ~	**49.500**
<u>5</u>5.555 ~	**60.000**
80.<u>9</u>90 ~	**81.000**
92.7<u>7</u>1 ~	**92.770**
<u>7</u>9.528 ~	**80.000**
50.<u>9</u>99 ~	**51.000**
6<u>8</u>.498 ~	**68.000**
<u>4</u>4.678 ~	**40.000**
86.9<u>4</u>2 ~	**86.940**
6<u>0</u>.606 ~	**61.000**

AUSMALEN

Runden auf alle Stellen

9**

So geht's: Runde an der unterstrichenen Stelle und male nur die Felder mit den gerundeten Zahlen mit einer Farbe aus.

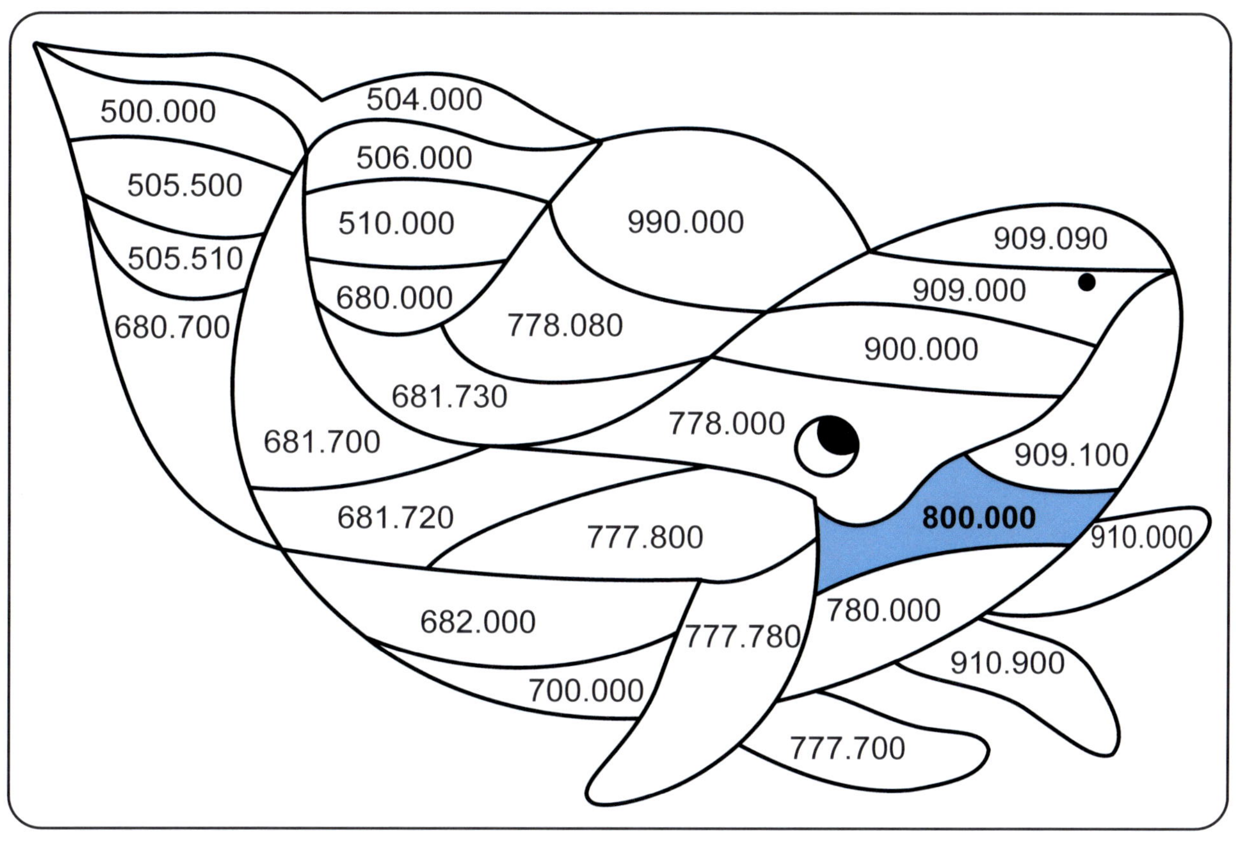

auf unterstrichene Stelle runden	Ergebnis
7̲77.777 ~	**800.000**
77̲7.777 ~	
777̲.777 ~	
777.7̲77 ~	
777.77̲7 ~	
9̲09.090 ~	
90̲9.090 ~	
909̲.090 ~	
909.0̲90 ~	
909.09̲0 ~	

auf unterstrichene Stelle runden	Ergebnis
5̲05.508 ~	
50̲5.508 ~	
505̲.508 ~	
505.5̲08 ~	
505.50̲8 ~	
6̲81.717 ~	
68̲1.717 ~	
681̲.717 ~	
681.7̲17 ~	
681.71̲7 ~	

AUSMALEN

KOHL VERLAG
MATHE-TRAINING ... zur Wiederholung & Festigung / Klasse 5 – Bestell-Nr. 13 025

Runden auf alle Stellen

9**

– LÖSUNG –

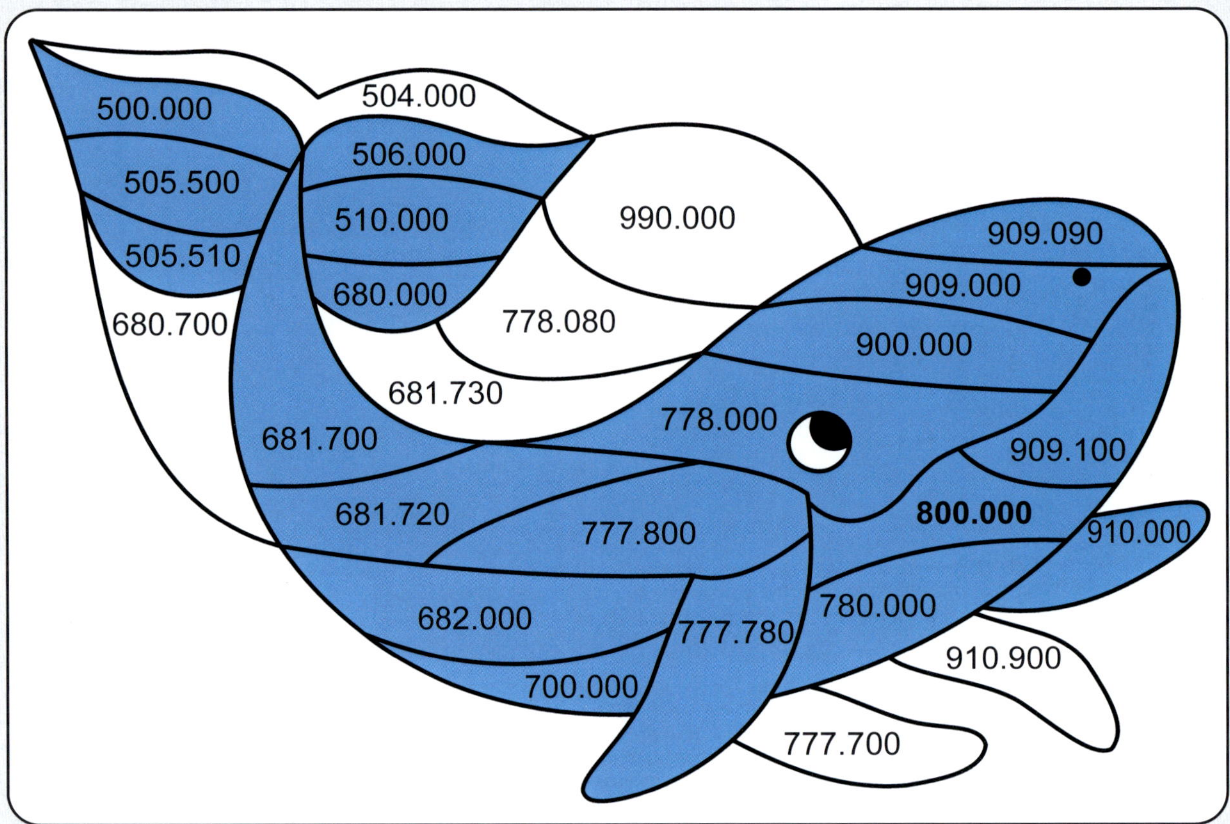

auf unterstrichene Stelle runden	Ergebnis
777.777 ~	**800.000**
777.777 ~	**780.000**
777.777 ~	**778.000**
777.777 ~	**777.800**
777.777 ~	**777.780**
909.090 ~	**900.000**
909.090 ~	**910.000**
909.090 ~	**909.000**
909.090 ~	**909.100**
909.090 ~	**909.090**

auf unterstrichene Stelle runden	Ergebnis
505.508 ~	**500.000**
505.508 ~	**510.000**
505.508 ~	**506.000**
505.508 ~	**505.500**
505.508 ~	**505.510**
681.717 ~	**700.000**
681.717 ~	**680.000**
681.717 ~	**682.000**
681.717 ~	**681.700**
681.717 ~	**681.720**

AUSMALEN

Addition mündlich: Zahlen bis 1000 | 10

So geht's: Rechne aus und verbinde die Punkte im Bild in der Reihenfolge der Ergebnisse.

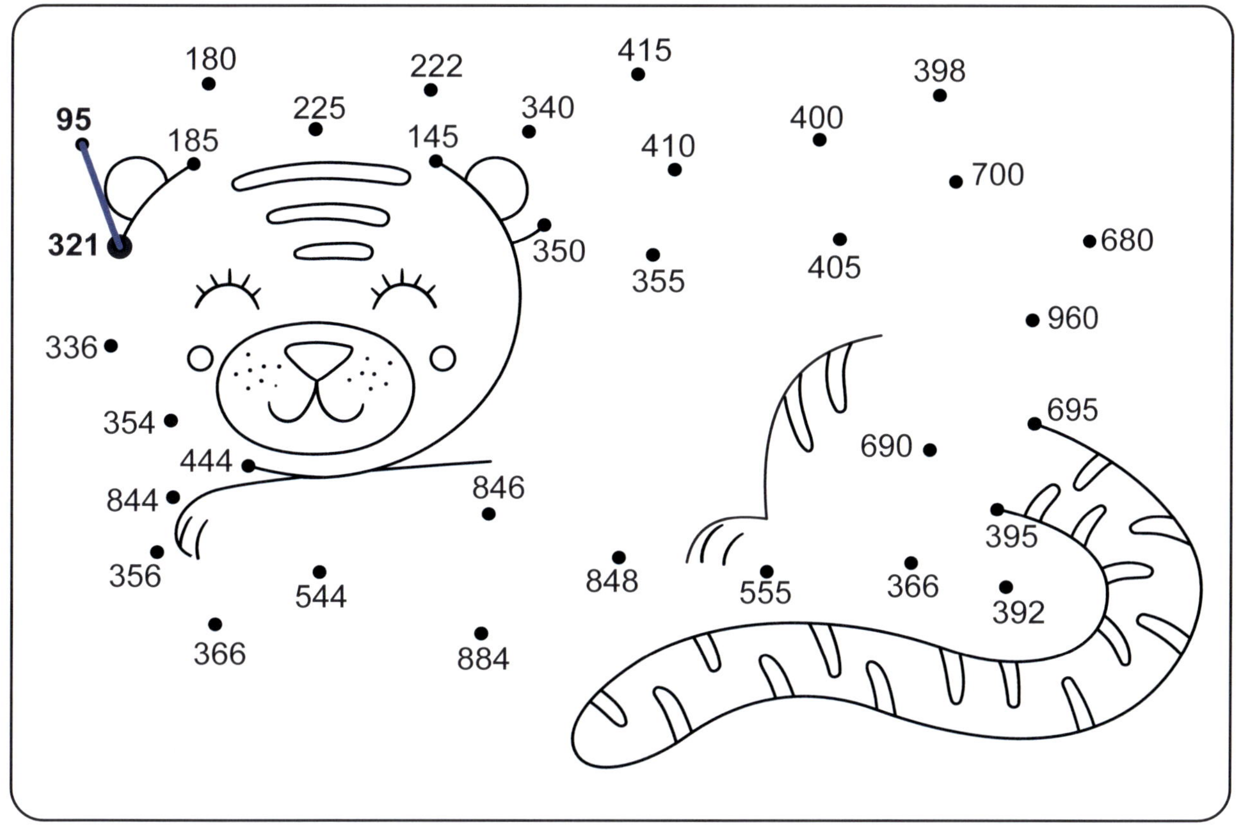

Aufgabe	Ergebnis
308 + 13 =	**321**
88 + 7 =	**95**
178 + 7 =	
206 + 19 =	
106 + 39 =	
106 + 234 =	
216 + 134 =	
204 + 206 =	
140 + 260 =	
340 + 360 =	
237 + 723 =	

Aufgabe	Ergebnis
168 + 527 =	
68 + 327 =	
176 + 190 =	
395 + 160 =	
460 + 388 =	
274 + 270 =	
281 + 75 =	
450 + 394 =	
254 + 190 =	
160 + 194 =	
312 + 24 =	

KOHL VERLAG – MATHE-TRAINING ... zur Wiederholung & Festigung / Klasse 5 – Bestell-Nr. 13 025

– LÖSUNG –

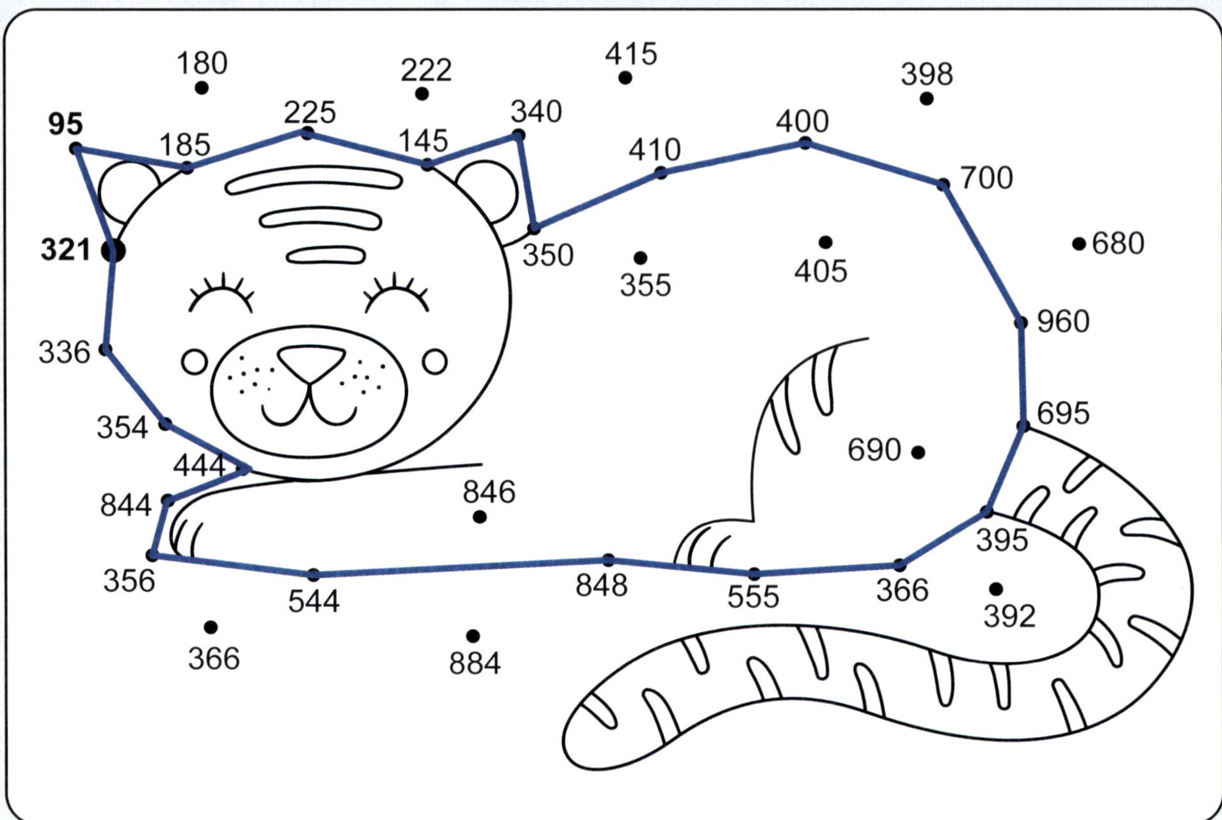

Aufgabe	Ergebnis	Aufgabe	Ergebnis
308 + 13 =	**321**	168 + 527 =	**695**
88 + 7 =	**95**	68 + 327 =	**395**
178 + 7 =	**185**	176 + 190 =	**366**
206 + 19 =	**225**	395 + 160 =	**555**
106 + 39 =	**145**	460 + 388 =	**848**
106 + 234 =	**340**	274 + 270 =	**544**
216 + 134 =	**350**	281 + 75 =	**356**
204 + 206 =	**410**	450 + 394 =	**844**
140 + 260 =	**400**	254 + 190 =	**444**
340 + 360 =	**700**	160 + 194 =	**354**
237 + 723 =	**960**	312 + 24 =	**336**

Addition mündlich: Zahlen bis 100.000

11*

So geht's: Rechne aus und verbinde die Punkte im Bild in der Reihenfolge der Ergebnisse.

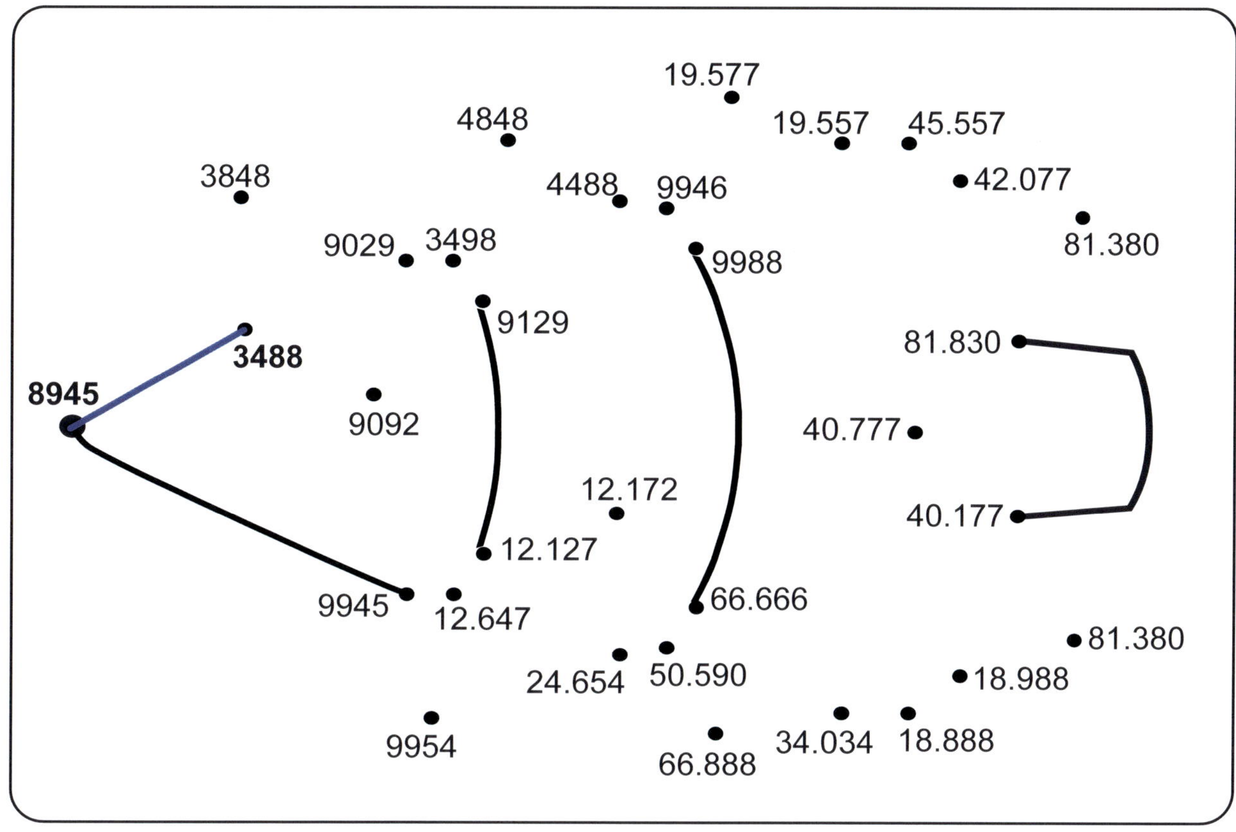

Aufgabe	Ergebnis
4755 + 4190 =	**8945**
2329 + 1159 =	**3488**
7812 + 1217 =	
1764 + 1734 =	
3517 + 5612 =	
3562 + 926 =	
8463 + 1483 =	
897 + 9091 =	
10.293 + 9264 =	
11.293 + 34.264 =	
8634 + 33.443 =	

Aufgabe	Ergebnis
40.815 + 41.015 =	
20.247 + 19.930 =	
9029 + 9959 =	
9984 + 8904 =	
17.023 + 17.011 =	
28.333 + 38.333 =	
25.430 + 25.160 =	
15.432 + 9222 =	
4114 + 8013 =	
6270 + 6377 =	
8438 + 1507 =	

BILD AUS PUNKTEN

KOHL VERLAG – Lernen mit Erfolg
MATHE-TRAINING ... zur Wiederholung & Festigung / Klasse 5 – Bestell-Nr. 13 025

– LÖSUNG –

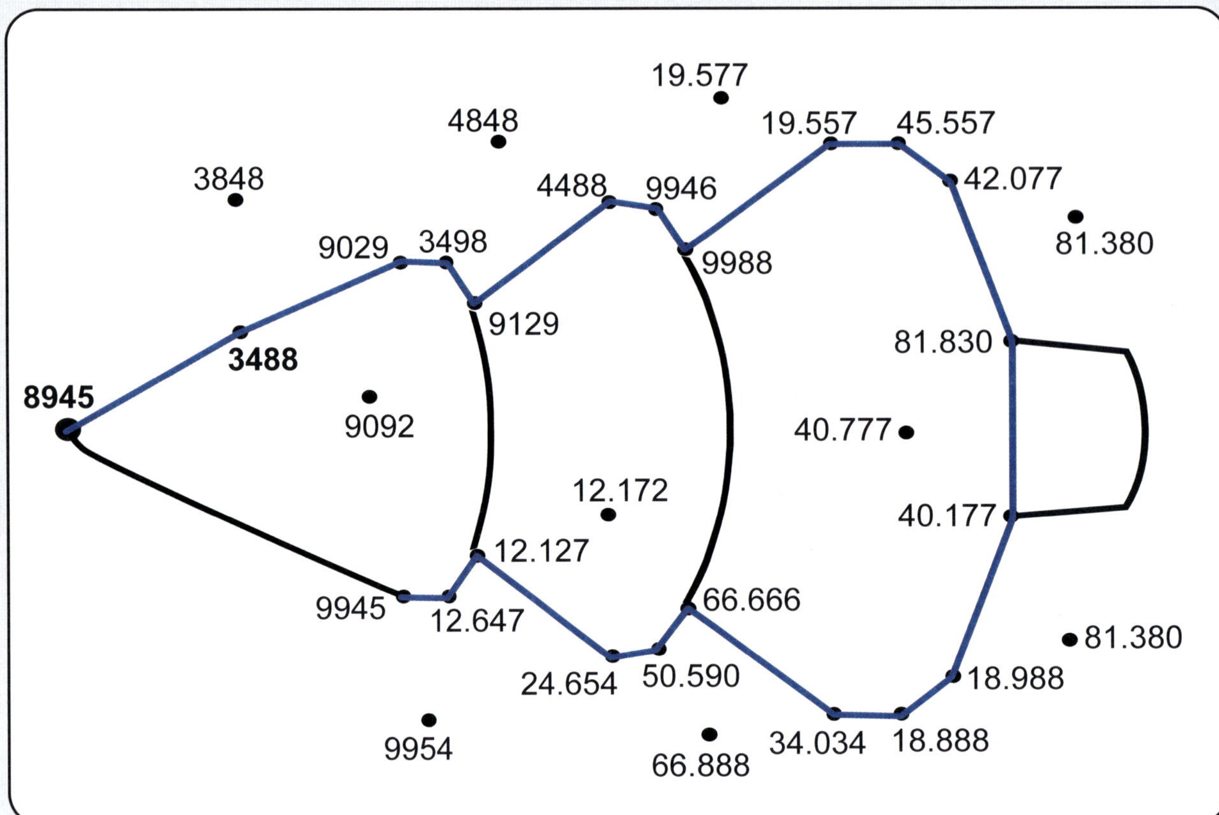

Aufgabe	Ergebnis
4755 + 4190 =	**8945**
2329 + 1159 =	**3488**
7812 + 1217 =	**9029**
1764 + 1734 =	**3498**
3517 + 5612 =	**9129**
3562 + 926 =	**4488**
8463 + 1483 =	**9946**
897 + 9091 =	**9988**
10.293 + 9264 =	**19.557**
11.293 + 34.264 =	**45.557**
8634 + 33.443 =	**42.077**

Aufgabe	Ergebnis
40.815 + 41.015 =	**81.830**
20.247 + 19.930 =	**40.177**
9029 + 9959 =	**18.988**
9984 + 8904 =	**18.888**
17.023 + 17.011 =	**34.034**
28.333 + 38.333 =	**66.666**
25.430 + 25.160 =	**50.590**
15.432 + 9222 =	**24.654**
4114 + 8013 =	**12.127**
6270 + 6377 =	**12.647**
8438 + 1507 =	**9945**

BILD AUS PUNKTEN

Addition mündlich: Zahlen bis 1.000.000

12**

Rechne aus und verbinde die Punkte bei den Ergebniszahlen in der Reihenfolge der Aufgaben.

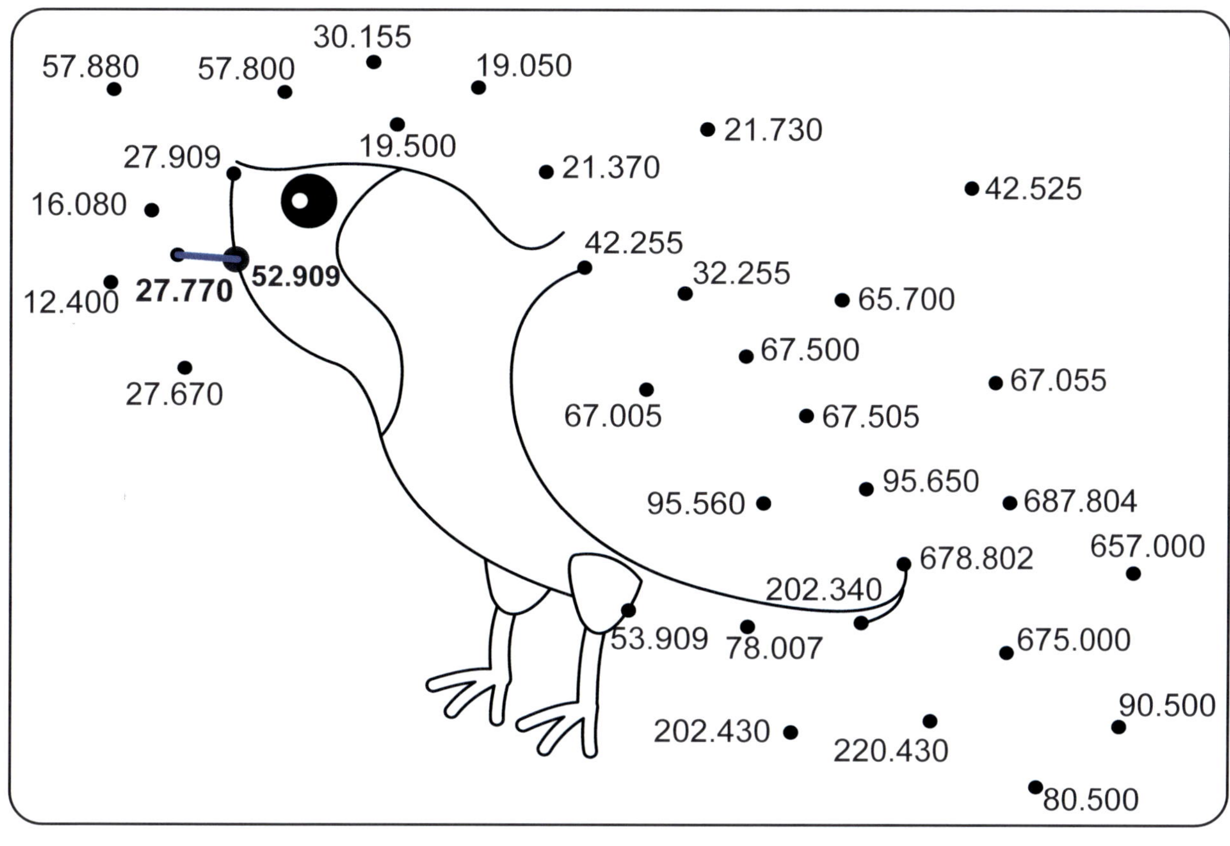

Aufgabe	Ergebnis
26.875 + 26.034 =	**52.909**
18.535 + 9235 =	**27.770**
10.265 + 2135 =	
8031 + 8049 =	
19.135 + 8774 =	
19.138 + 38.662 =	
15.065 + 15.090 =	
10.525 + 8525 =	
17.234 + 4136 =	
31.179 + 11.076 =	
21.076 + 11.179 =	

Aufgabe	Ergebnis
43.247 + 24.253 =	
24.258 + 43.247 =	
46.225 + 49.425 =	
464.398 + 214.404 =	
463.500 + 211.500 =	
32.950 + 57.550 =	
47.550 + 32.950 =	
114.314 + 106.116 =	
196.224 + 6116 =	
60.999 + 17.008 =	
16.770 + 37.139 =	

BILD AUS PUNKTEN

MATHE-TRAINING ... zur Wiederholung & Festigung / Klasse 5 – Bestell-Nr. 13 025

– LÖSUNG –

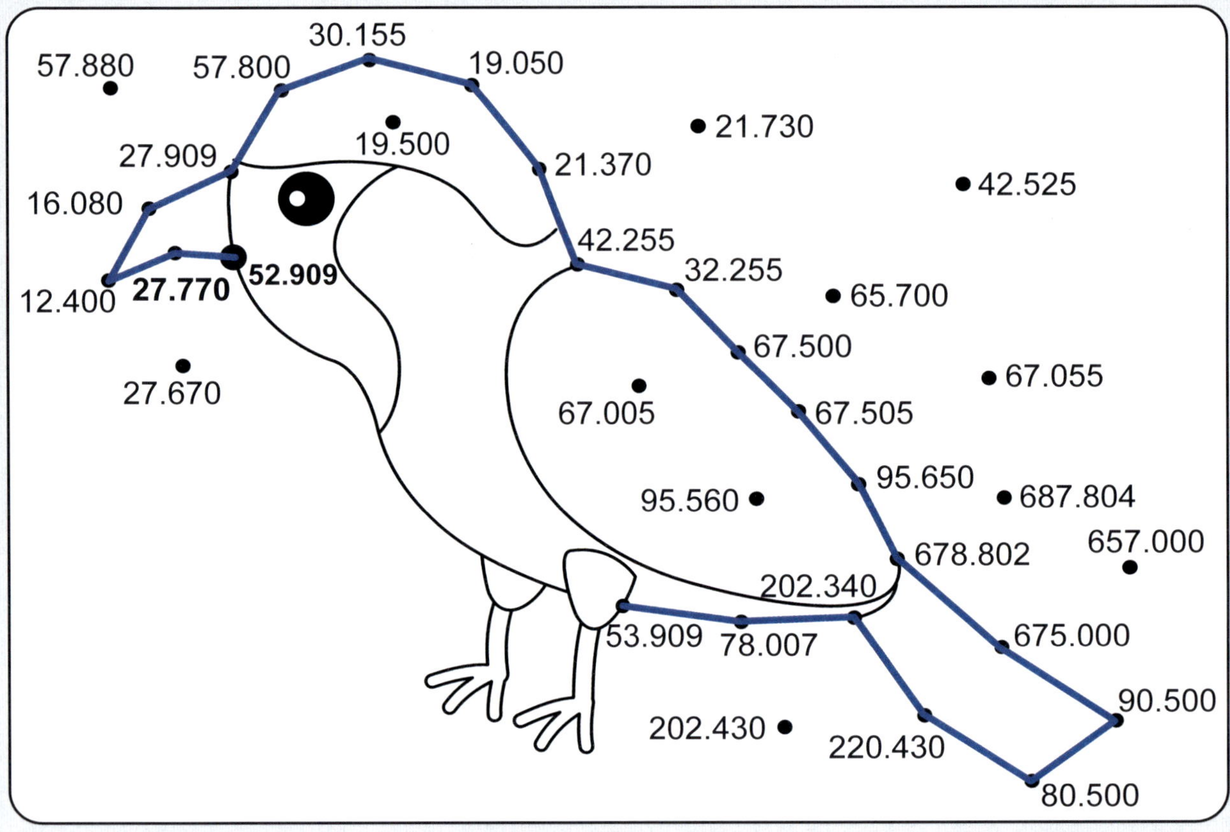

Aufgabe	Ergebnis
26.875 + 26.034 =	**52.909**
18.535 + 9235 =	**27.770**
10.265 + 2135 =	**12.400**
8031 + 8049 =	**16.080**
19.135 + 8774 =	**27.909**
19.138 + 38.662 =	**57.800**
15.065 + 15.090 =	**30.155**
10.525 + 8525 =	**19.050**
17.234 + 4136 =	**21.370**
31.179 + 11.076 =	**42.255**
21.076 + 11.179 =	**32.255**

Aufgabe	Ergebnis
43.247 + 24.253 =	**67.500**
24.258 + 43.247 =	**67.505**
46.225 + 49.425 =	**95.650**
464.398 + 214.404 =	**678.802**
463.500 + 211.500 =	**675.000**
32.950 + 57.550 =	**90.500**
47.550 + 32.950 =	**80.500**
114.314 + 106.116 =	**220.430**
196.224 + 6116 =	**202.340**
60.999 + 17.008 =	**78.007**
16.770 + 37.139 =	**53.909**

Addition schriftlich (2 Summanden untereinander)

So geht's: Rechne, schneide die Puzzleteile aus und lege sie passend im Spielplan auf.

Puzzleteile:

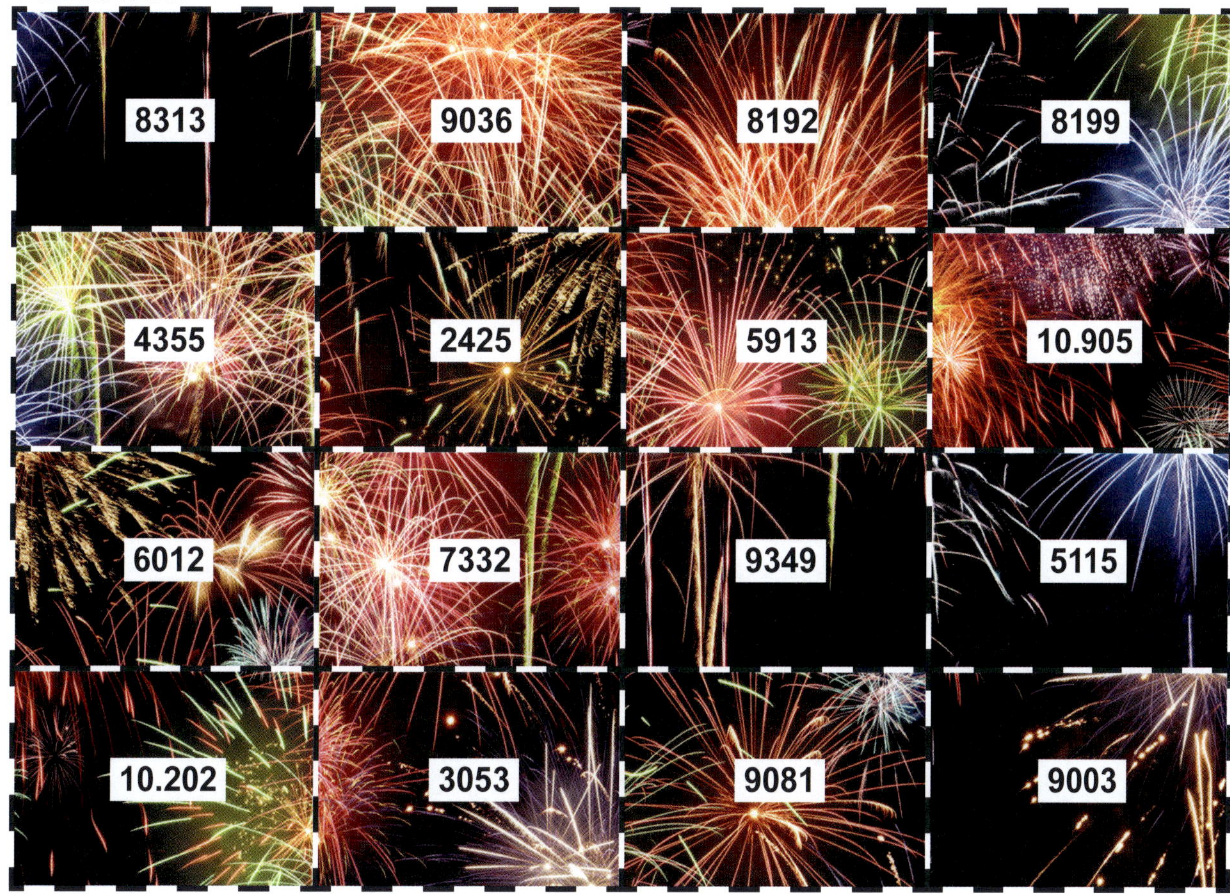

Spielplan:

2798 + 8107	683 + 7509	1962 + 463	5549 + 463
7483 + 2719	881 + 8155	5418 + 495	8528 + 553
6288 + 1911	737 + 3618	6666 + 666	2138 + 915
481 + 4634	4605 + 3708	426 + 8923	5187 + 3816

PUZZLE

MATHE-TRAINING ... zur Wiederholung & Festigung / Klasse 5 – Bestell-Nr. 13 025
KOHL VERLAG

– LÖSUNG –

Puzzleteile:

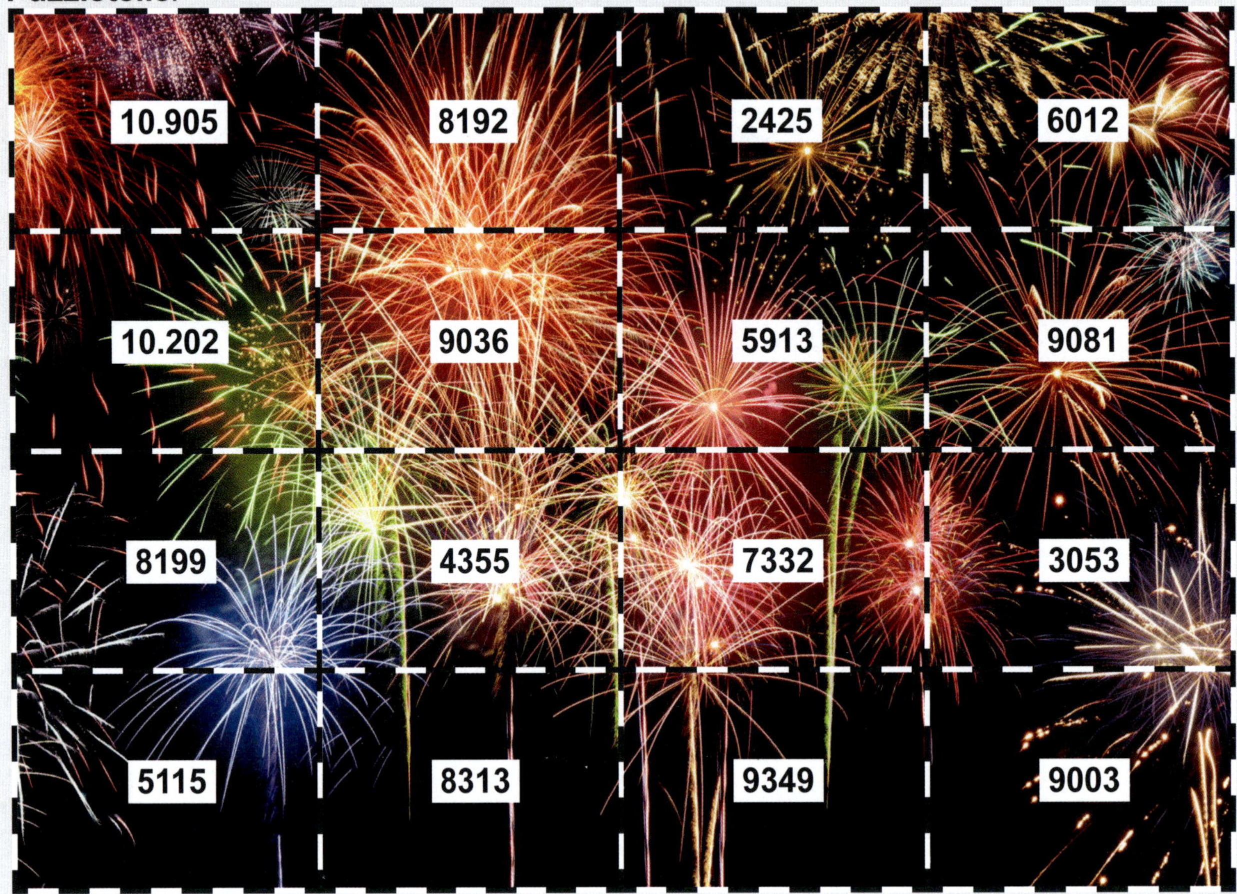

Spielplan:

	2	7	9	8
+	8	1	0	7
1		1	1	
1	0	9	0	5

		6	8	3
+	7	5	0	9
	1		1	
	8	1	9	2

	1	9	6	2
+		4	6	3
	1	1		
	2	4	2	5

	5	5	4	9
+		4	6	3
	1	1	1	
	6	0	1	2

	7	4	8	3
+	2	7	1	9
1	1	1	1	
1	0	2	0	2

		8	8	1
+	8	1	5	5
	1	1		
	9	0	3	6

	5	4	1	8
+		4	9	5
		1	1	
	5	9	1	3

	8	5	2	8
+		5	5	3
	1		1	
	9	0	8	1

	6	2	8	8
+	1	9	1	1
	1			
	8	1	9	9

		7	3	7
+	3	6	1	8
	1		1	
	4	3	5	5

	6	6	6	6
+		6	6	6
	1	1	1	
	7	3	3	2

	2	1	3	8
+		9	1	5
	1		1	
	3	0	5	3

		4	8	1
+	4	6	3	4
	1	1		
	5	1	1	5

	4	6	0	5
+	3	7	0	8
	1		1	
	8	3	1	3

		4	2	6
+	8	9	2	3
	1			
	9	3	4	9

	5	1	8	7
+	3	8	1	6
	1	1	1	
	9	0	0	3

MATHE-TRAINING

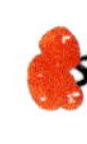

Addition schriftlich (2 Summanden nebeneinander)

So geht's: Rechne, schneide die Puzzleteile aus und lege sie passend im Spielplan auf.

Puzzleteile:

Spielplan:

82.497 + 8613	87.336 + 6619	88.666 + 2295	5436 + 88.172
6377 + 15.454	66.269 + 15.327	5935 + 89.148	18.425 + 9585
52.468 + 6327	77.088 + 13.425	64.885 + 5555	27.315 + 9286
4329 + 49.293	28.613 + 35.461	4705 + 57.333	9666 + 1795

PUZZLE

KOHL VERLAG MATHE-TRAINING ... zur Wiederholung & Festigung / Klasse 5 – Bestell-Nr. 13 025

Addition schriftlich (2 Summanden nebeneinander) 14*

– LÖSUNG –

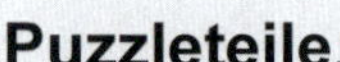

Puzzleteile:

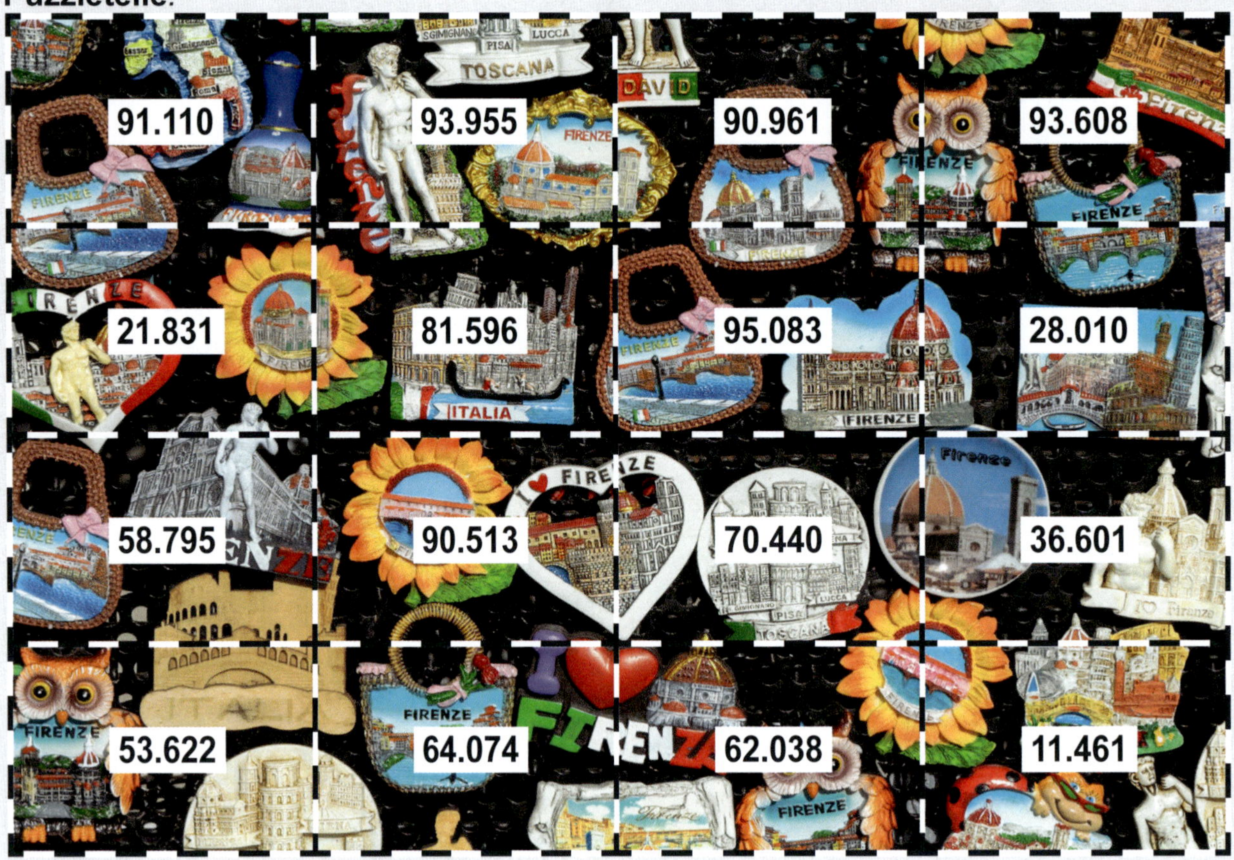

Spielplan:

82.497 + 8613					
	8	2	4	9	7
+		8	6	1	3
	1	1	1	1	
	9	1	1	1	0

87.336 + 6619					
	8	7	3	3	6
+		6	6	1	9
	1			1	
	9	3	9	5	5

88.666 + 2295					
	8	8	6	6	6
+		2	2	9	5
	1		1	1	
	9	0	9	6	1

5436 + 88.172					
		5	4	3	6
+	8	8	1	7	2
	1		1		
	9	3	6	0	8

6377 + 15.454					
		6	3	7	7
+	1	5	4	5	4
	1		1	1	
	2	1	8	3	1

66.269 + 15.327					
	6	6	2	6	9
+	1	5	3	2	7
	1			1	
	8	1	5	9	6

5935 + 89.148					
		5	9	3	5
+	8	9	1	4	8
	1	1		1	
	9	5	0	8	3

18.425 + 9585					
	1	8	4	2	5
+		9	5	8	5
	1	1	1	1	
	2	8	0	1	0

52.468 + 6327					
	5	2	4	6	8
+		6	3	2	7
				1	
	5	8	7	9	5

77.088 + 13.425					
	7	7	0	8	8
+	1	3	4	2	5
	1		1	1	
	9	0	5	1	3

64.885 + 5555					
	6	4	8	8	5
+		5	5	5	5
	1	1	1	1	
	7	0	4	4	0

27.315 + 9286					
	2	7	3	1	5
+		9	2	8	6
	1		1	1	
	3	6	6	0	1

4329 + 49.293					
		4	3	2	9
+	4	9	2	9	3
	1		1	1	
	5	3	6	2	2

28.613 + 35.461					
	2	8	6	1	3
+	3	5	4	6	1
	1	1			
	6	4	0	7	4

4705 + 57.333					
		4	7	0	5
+	5	7	3	3	3
	1	1			
	6	2	0	3	8

9666 + 1795					
		9	6	6	6
+		1	7	9	5
	1	1	1	1	
	1	1	4	6	1

MATHE-TRAINING

Addition schriftlich (3 Summanden nebeneinander)

15**

So geht's: Rechne, schneide die Puzzleteile aus und lege sie passend im Spielplan auf.

Puzzleteile:

Spielplan:

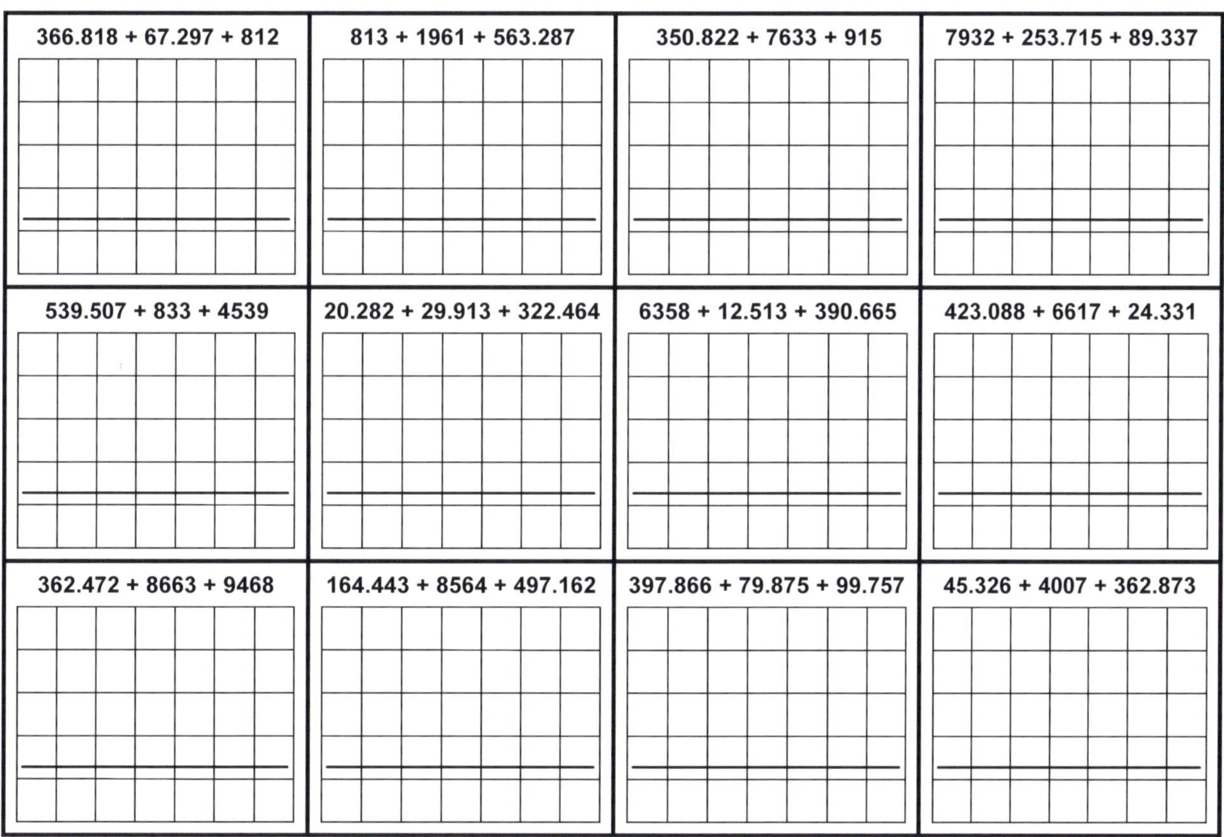

PUZZLE

KOHL VERLAG MATHE-TRAINING ... zur Wiederholung & Festigung / Klasse 5 – Bestell-Nr. 13 025

Addition schriftlich (3 Summanden nebeneinander) | 15**

– *LÖSUNG* –

Puzzleteile:

Spielplan:

366.818 + 67.297 + 812

	3	6	6	8	1	8
+		6	7	2	9	7
+				8	1	2
	1	1	1	1	1	
	4	3	4	9	2	7

813 + 1961 + 563.287

				8	1	3
+			1	9	6	1
+	5	6	3	2	8	7
			2	1	1	
	5	6	6	0	6	1

350.822 + 7633 + 915

	3	5	0	8	2	2
+			7	6	3	3
+				9	1	5
			2		1	
	3	5	9	3	7	0

7932 + 253.715 + 89.337

			7	9	3	2
+	2	5	3	7	1	5
+		8	9	3	3	7
	1	2	1		1	
	3	5	0	9	8	4

539.507 + 833 + 4539

	5	3	9	5	0	7
+				8	3	3
+			4	5	3	9
		1	1		1	
	5	4	4	8	7	9

20.282 + 29.913 + 322.464

		2	0	2	8	2
+		2	9	9	1	3
+	3	2	2	4	6	4
		1	1	1		
	3	7	2	6	5	9

6358 + 12.513 + 390.665

			6	3	5	8
+		1	2	5	1	3
+	3	9	0	6	6	5
	1		1	1	1	
	4	0	9	5	3	6

423.088 + 6617 + 24.331

	4	2	3	0	8	8
+			6	6	1	7
+		2	4	3	3	1
		1	1	1	1	
	4	5	4	0	3	6

362.472 + 8663 + 9468

	3	6	2	4	7	2
+			8	6	6	3
+			9	4	6	8
		2	1	2	1	
	3	8	0	6	0	3

164.443 + 8564 + 497.162

	1	6	4	4	4	3
+			8	5	6	4
+	4	9	7	1	6	2
	1	2	1	1		
	6	7	0	1	6	9

397.866 + 79.875 + 99.757

	3	9	7	8	6	6
+		7	9	8	7	5
+		9	9	7	5	7
	2	2	2	1	1	
	5	7	7	4	9	8

45.326 + 4007 + 362.873

		4	5	3	2	6
+			4	0	0	7
+	3	6	2	8	7	3
	1	1	1	1	1	
	4	1	2	2	0	6

MATHE-TRAINING

Subtraktion mündlich: Zahlen bis 1000

So geht's: Rechne aus und male nur die Felder mit den Ergebniszahlen mit einer Farbe aus.

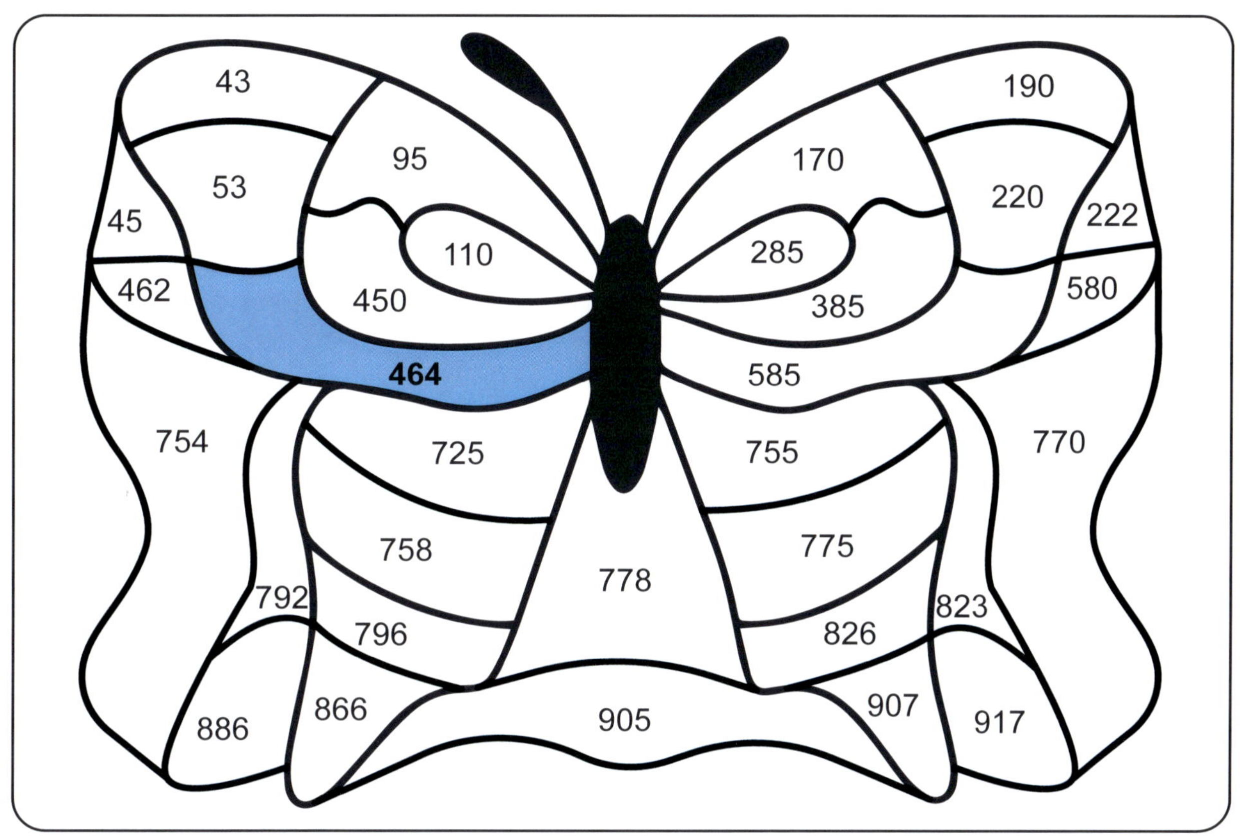

Aufgabe	Ergebnis
587 – 123 =	**464**
218 – 175 =	
519 – 329 =	
100 – 47 =	
517 – 297 =	
605 – 510 =	
405 – 120 =	
332 – 222 =	
400 – 15 =	
340 – 170 =	

Aufgabe	Ergebnis
900 – 450 =	
899 – 314 =	
972 – 214 =	
889 – 114 =	
962 – 55 =	
948 – 82 =	
880 – 125 =	
951 – 125 =	
900 – 175 =	
900 – 104 =	

KOHL VERLAG
MATHE-TRAINING ... zur Wiederholung & Festigung / Klasse 5 – Bestell-Nr. 13 025

– LÖSUNG –

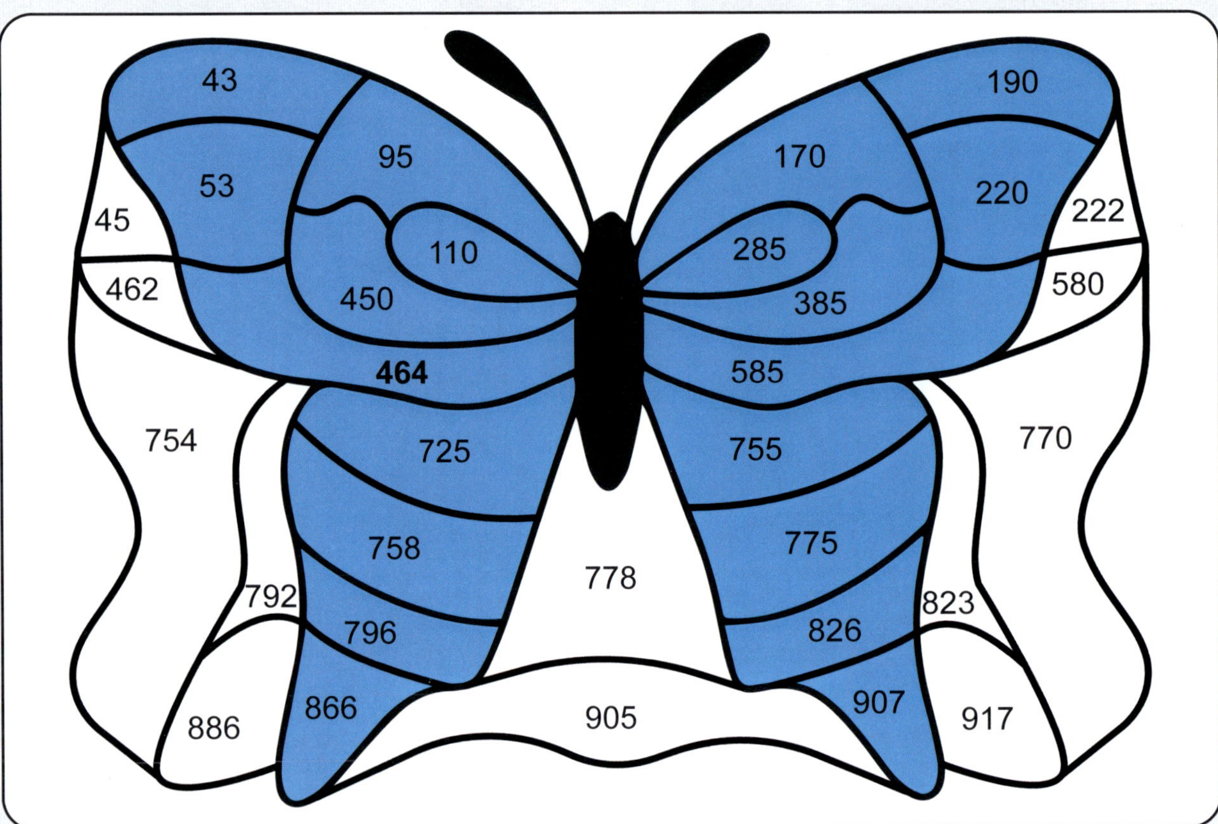

Aufgabe	Ergebnis
587 – 123 =	**464**
218 – 175 =	**43**
519 – 329 =	**190**
100 – 47 =	**53**
517 – 297 =	**220**
605 – 510 =	**95**
405 – 120 =	**285**
332 – 222 =	**110**
400 – 15 =	**385**
340 – 170 =	**170**

Aufgabe	Ergebnis
900 – 450 =	**450**
899 – 314 =	**585**
972 – 214 =	**758**
889 – 114 =	**775**
962 – 55 =	**907**
948 – 82 =	**866**
880 – 125 =	**755**
951 – 125 =	**826**
900 – 175 =	**725**
900 – 104 =	**796**

Subtraktion mündlich: Zahlen bis 100.000

So geht's: Rechne aus und male nur die Felder mit den Ergebniszahlen mit einer Farbe aus.

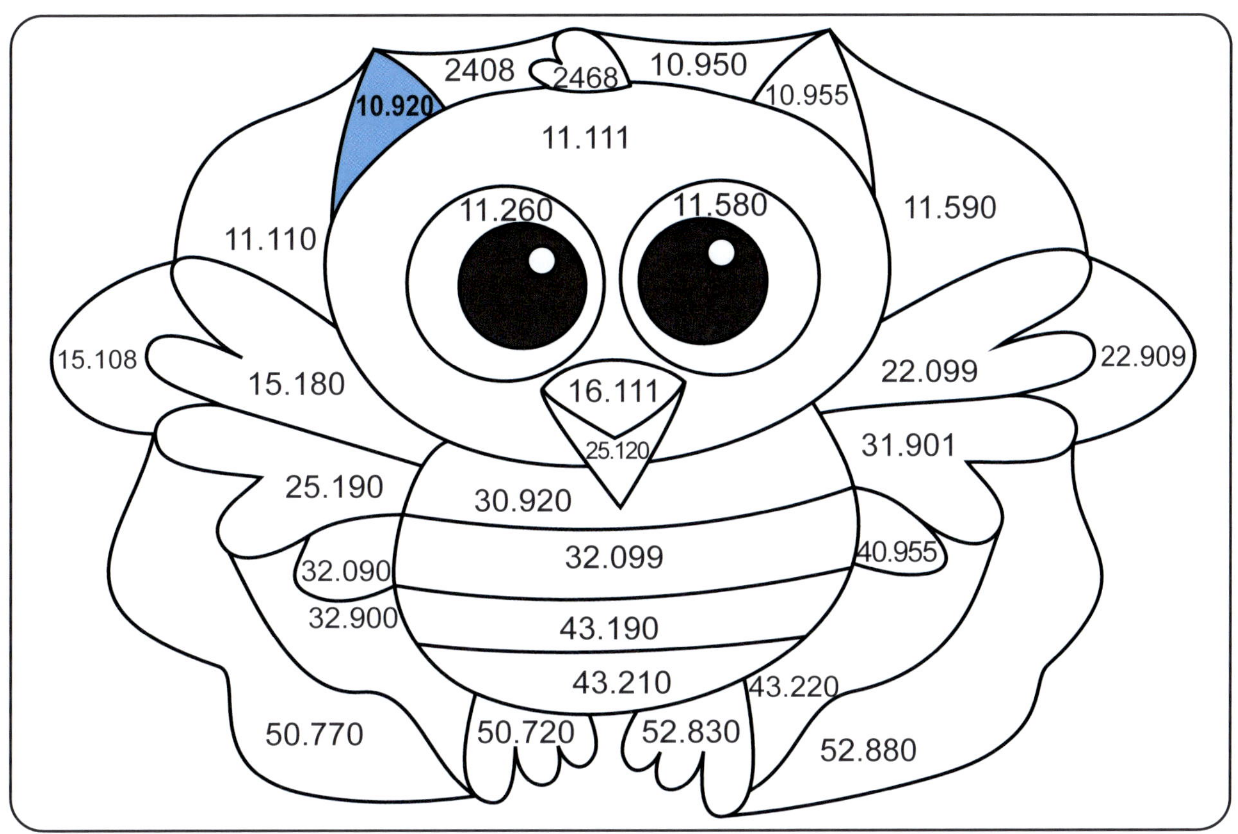

Aufgabe	Ergebnis
16.837 – 5917 =	**10.920**
36.837 – 5917 =	
56.637 – 5917 =	
30.837 – 5717 =	
56.555 – 15.600 =	
35.555 – 24.600 =	
90.762 – 79.502 =	
40.762 – 24.651 =	
58.700 – 5870 =	
65.432 – 54.321 =	

Aufgabe	Ergebnis
86.420 – 43.210 =	
86.420 – 43.230 =	
68.420 – 43.230 =	
28.420 – 13.240 =	
24.820 – 13.240 =	
56.789 – 54.321 =	
54.321 – 32.222 =	
66.666 – 34.567 =	
66.666 – 34.576 =	
66.666 – 34.765 =	

AUSMALEN

MATHE-TRAINING ... zur Wiederholung & Festigung / Klasse 5 – Bestell-Nr. 13 025

Subtraktion mündlich: Zahlen bis 100.000

– LÖSUNG –

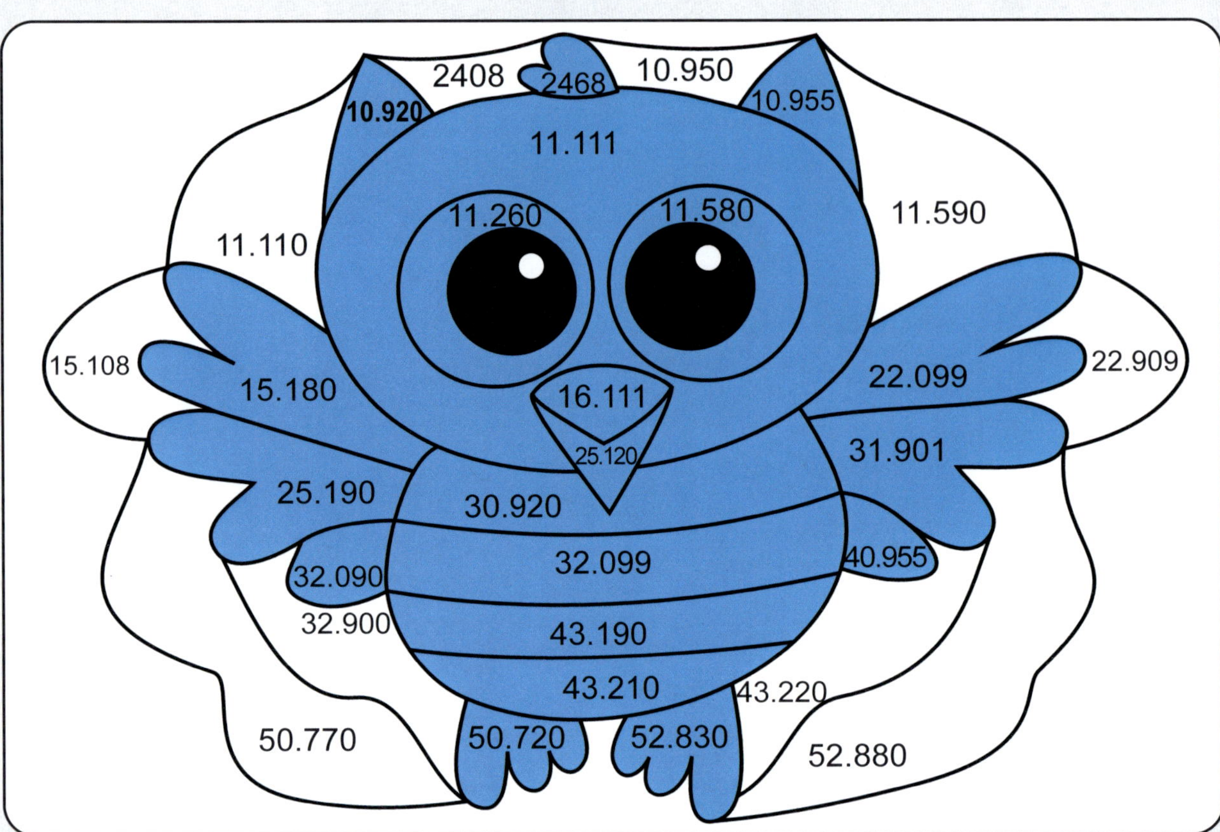

Aufgabe	Ergebnis
16.837 – 5917 =	**10.920**
36.837 – 5917 =	**30.920**
56.637 – 5917 =	**50.720**
30.837 – 5717 =	**25.120**
56.555 – 15.600 =	**40.955**
35.555 – 24.600 =	**10.955**
90.762 – 79.502 =	**11.260**
40.762 – 24.651 =	**16.111**
58.700 – 5870 =	**52.830**
65.432 – 54.321 =	**11.111**

Aufgabe	Ergebnis
86.420 – 43.210 =	**43.210**
86.420 – 43.230 =	**43.190**
68.420 – 43.230 =	**25.190**
28.420 – 13.240 =	**15.180**
24.820 – 13.240 =	**11.580**
56.789 – 54.321 =	**2468**
54.321 – 32.222 =	**22.099**
66.666 – 34.567 =	**32.099**
66.666 – 34.576 =	**32.090**
66.666 – 34.765 =	**31.901**

AUSMALEN

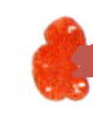

Subtraktion mündlich: Zahlen bis 1.000.000

So geht's: Rechne aus und male nur die Felder mit den Ergebniszahlen mit einer Farbe aus.

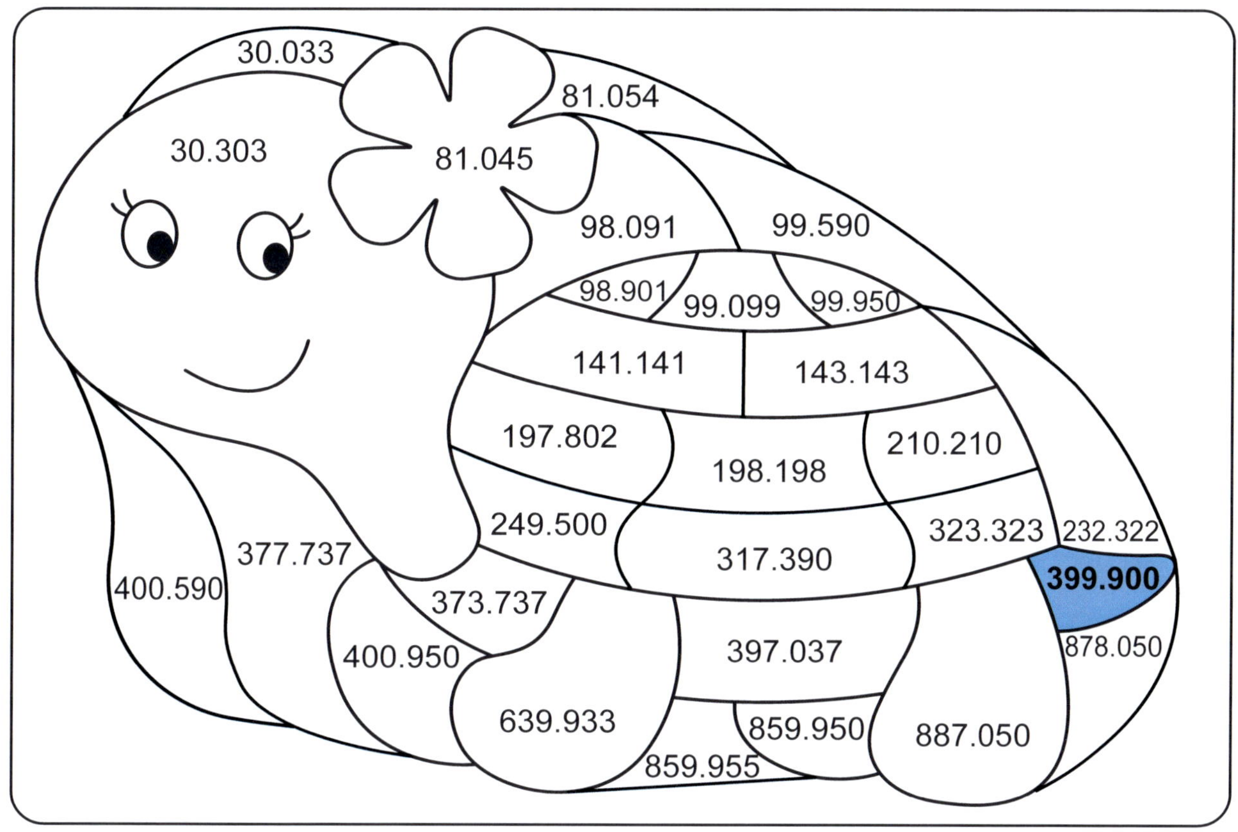

Aufgabe	Ergebnis
630.550 – 230.650 =	**399.900**
631.550 – 230.600 =	
230.550 – 130.600 =	
990.550 – 130.600 =	
990.550 – 103.500 =	
990.550 – 909.505 =	
444.444 – 234.234 =	
444.444 – 345.345 =	
444.444 – 246.246 =	
444.246 – 246.444 =	

Aufgabe	Ergebnis
500.000 – 250.500 =	
567.890 – 250.500 =	
890.500 – 250.567 =	
890.890 – 567.567 =	
908.908 – 765.765 =	
300.300 – 159.159 =	
730.370 – 333.333 =	
432.234 – 333.333 =	
404.040 – 30.303 =	
404.040 – 373.737 =	

AUSMALEN

KOHL VERLAG Lernen mit Erfolg
MATHE-TRAINING ... zur Wiederholung & Festigung / Klasse 5 – Bestell-Nr. 13 025

– LÖSUNG –

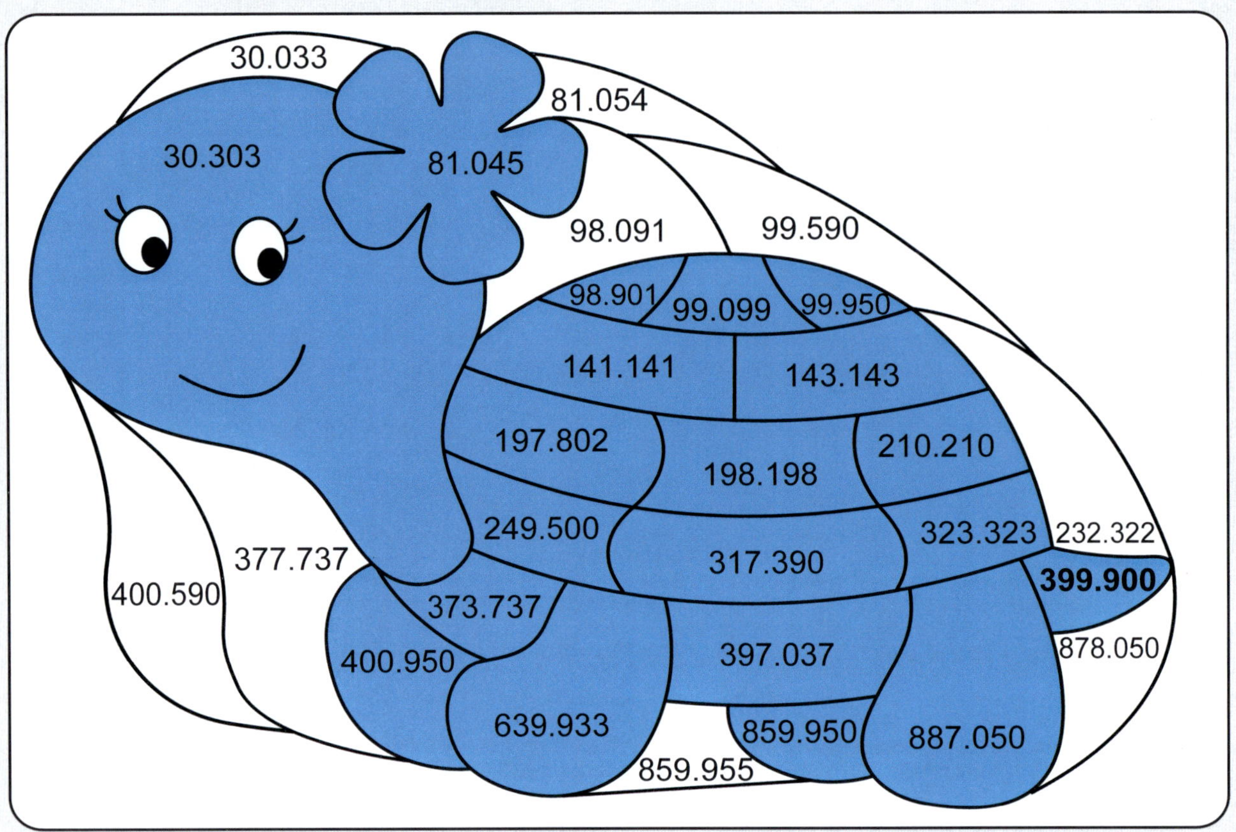

Aufgabe	Ergebnis
630.550 – 230.650 =	**399.900**
631.550 – 230.600 =	**400.950**
230.550 – 130.600 =	**99.950**
990.550 – 130.600 =	**859.950**
990.550 – 103.500 =	**887.050**
990.550 – 909.505 =	**81.045**
444.444 – 234.234 =	**210.210**
444.444 – 345.345 =	**99.099**
444.444 – 246.246 =	**198.198**
444.246 – 246.444 =	**197.802**

Aufgabe	Ergebnis
500.000 – 250.500 =	**249.500**
567.890 – 250.500 =	**317.390**
890.500 – 250.567 =	**639.933**
890.890 – 567.567 =	**323.323**
908.908 – 765.765 =	**143.143**
300.300 – 159.159 =	**141.141**
730.370 – 333.333 =	**397.037**
432.234 – 333.333 =	**98.901**
404.040 – 30.303 =	**373.737**
404.040 – 373.737 =	**30.303**

AUSMALEN

Subtraktion schriftlich (2 Zahlen untereinander)

So geht's: Rechne aus und verbinde die Punkte bei den Ergebnissen in der Reihenfolge der Aufgaben.

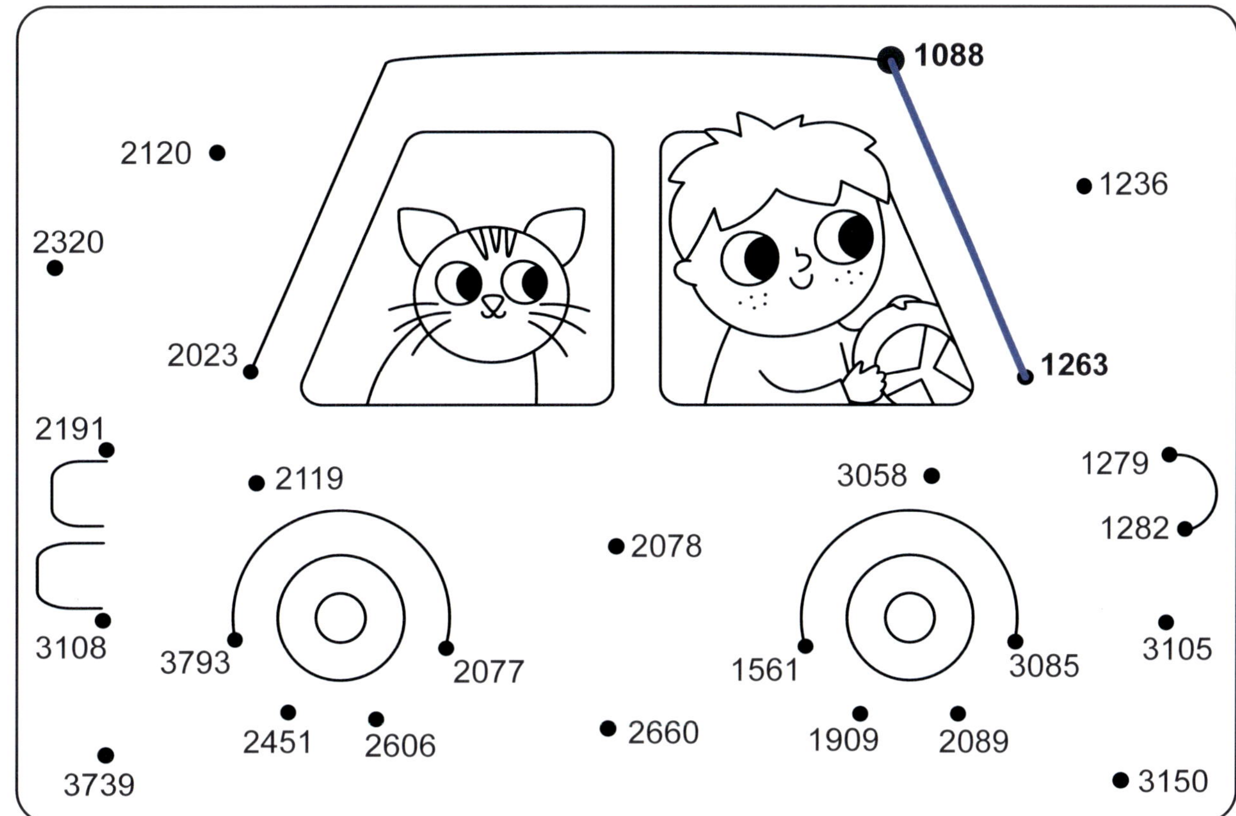

1)

	2	4	0	3
−	1	3	1	5
		1	1	
	1	0	8	8

2)

	1	9	9	1
−		7	2	8
			1	
	1	2	6	3

3)

	8	6	1	2
−	7	3	3	3

4)

	3	9	1	9
−	2	6	3	7

5)

	8	9	7	1
−	5	8	6	6

6)

	7	4	5	1
−	4	3	6	6

7)

	3	2	1	1
−	1	1	2	2

8)

	6	1	2	4
−	4	2	1	5

9)

	5	6	0	3
−	4	0	4	2

10)

	3	8	4	2
−	1	7	6	5

11)

	9	3	1	1
−	6	7	0	5

12)

	4	0	8	2
−	1	6	3	1

13)

	5	3	1	6
−	1	5	2	3

14)

	6	5	1	6
−	3	4	0	8

15)

	4	3	2	9
−	2	1	3	8

16)

	7	2	8	1
−	5	2	5	8

MATHE-TRAINING
... zur Wiederholung & Festigung / Klasse 5 – Bestell-Nr. 13 025
KOHL VERLAG

– LÖSUNG –

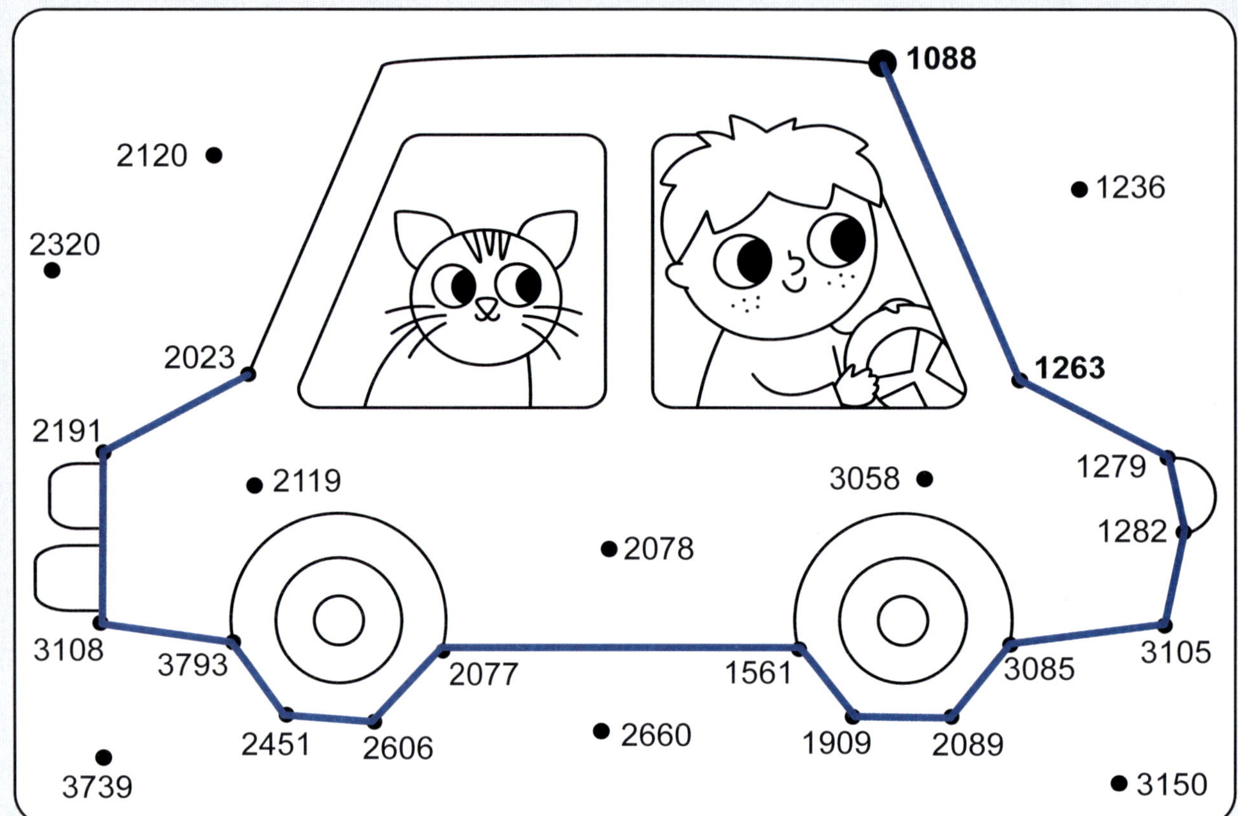

1)

	2	4	0	3
–	1	3	1	5
		1	1	
	1	0	8	8

2)

	1	9	9	1
–		7	2	8
			1	
	1	2	6	3

3)

	8	6	1	2
–	7	3	3	3
		1	1	
	1	2	7	9

4)

	3	9	1	9
–	2	6	3	7
		1		
	1	2	8	2

5)

	8	9	7	1
–	5	8	6	6
			1	
	3	1	0	5

6)

	7	4	5	1
–	4	3	6	6
		1	1	
	3	0	8	5

7)

	3	2	1	1
–	1	1	2	2
		1	1	
	2	0	8	9

8)

	6	1	2	4
–	4	2	1	5
	1		1	
	1	9	0	9

9)

	5	6	0	3
–	4	0	4	2
		1		
	1	5	6	1

10)

	3	8	4	2
–	1	7	6	5
		1	1	
	2	0	7	7

11)

	9	3	1	1
–	6	7	0	5
	1		1	
	2	6	0	6

12)

	4	0	8	2
–	1	6	3	1
	1			
	2	4	5	1

13)

	5	3	1	6
–	1	5	2	3
	1	1		
	3	7	9	3

14)

	6	5	1	6
–	3	4	0	8
			1	
	3	1	0	8

15)

	4	3	2	9
–	2	1	3	8
		1		
	2	1	9	1

16)

	7	2	8	1
–	5	2	5	8
			1	
	2	0	2	3

BILD AUS PUNKTEN

Subtraktion schriftlich (2 Zahlen nebeneinander) 20*

So geht's: Rechne aus und verbinde die Punkte bei den Ergebnissen in der Reihenfolge der Aufgaben.

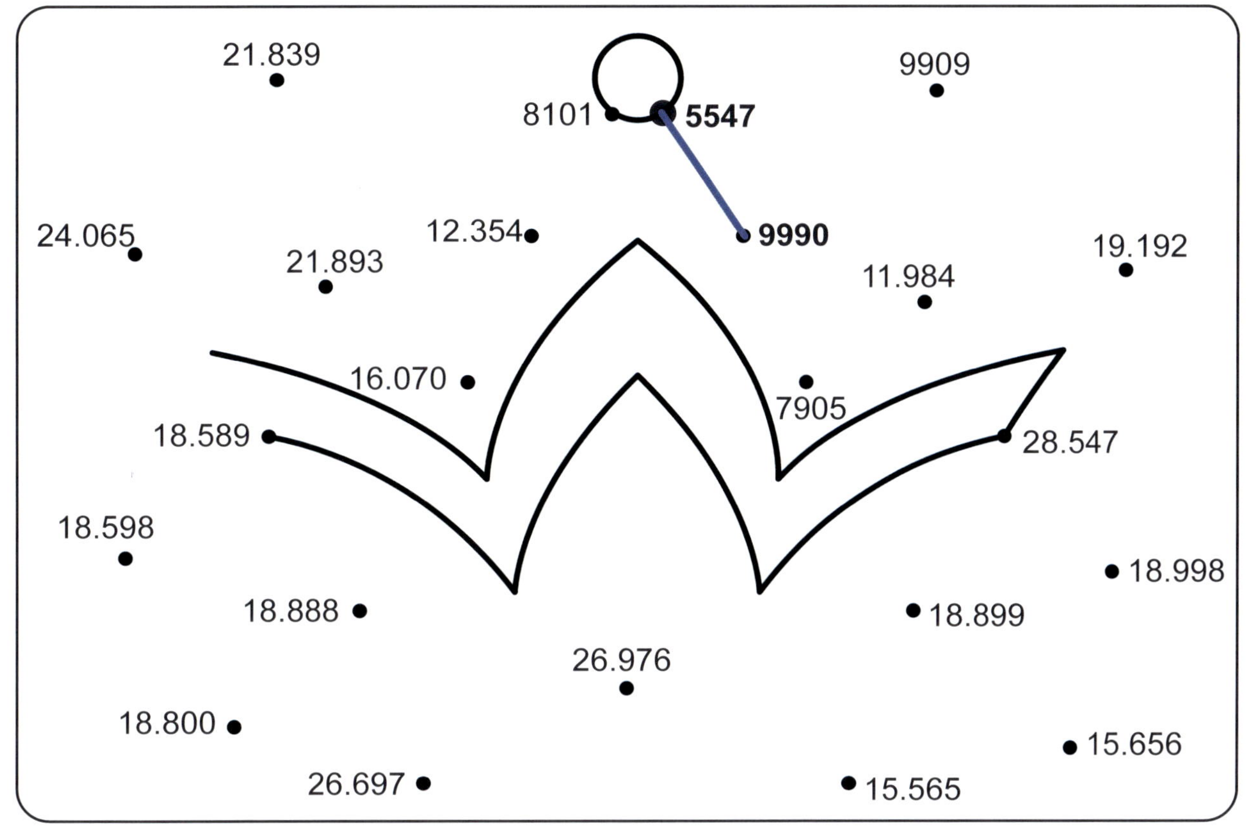

1) 10.102 – 4555

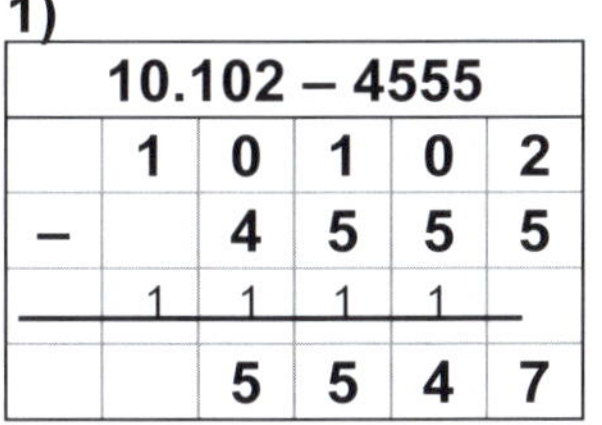

	1	0	1	0	2
–		4	5	5	5
	1	1	1	1	
		5	5	4	7

2) 90.080 – 80.090

		9	0	0	8	0
–		8	0	0	9	0
		1	1	1		
			9	9	9	0

3) 14.615 – 6710

4) 50.500 – 38.516

5) 33.333 – 14.141

6) 31.015 – 2468

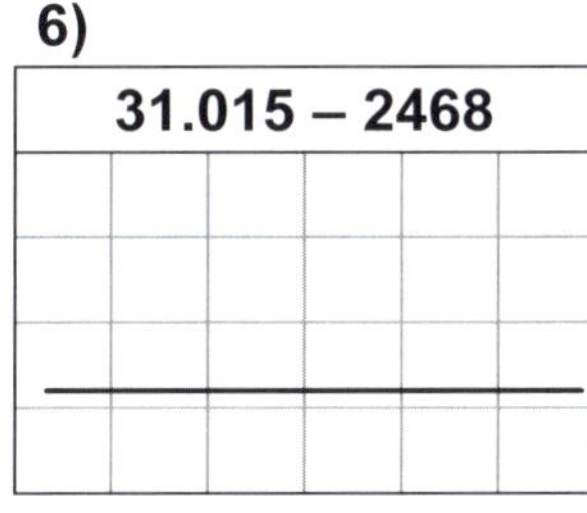

7) 51.402 – 32.503

8) 60.009 – 44.444

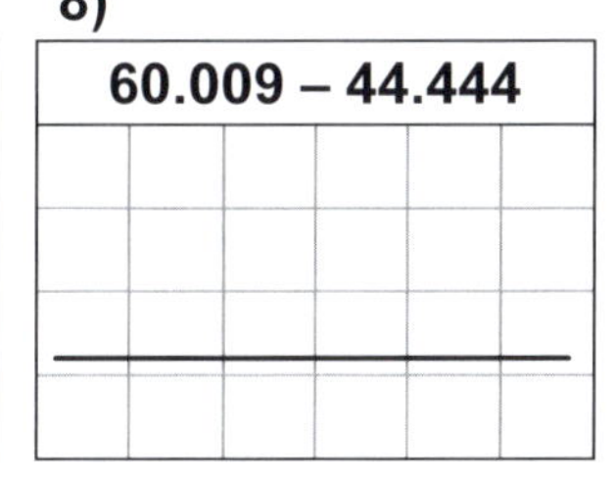

9) 70.003 – 43.306

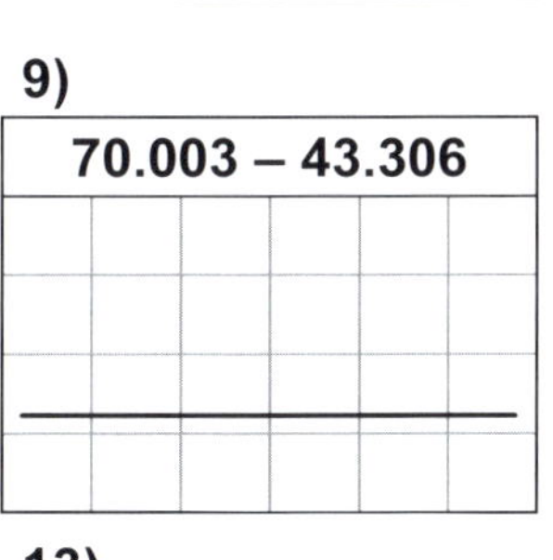

10) 88.011 – 69.123

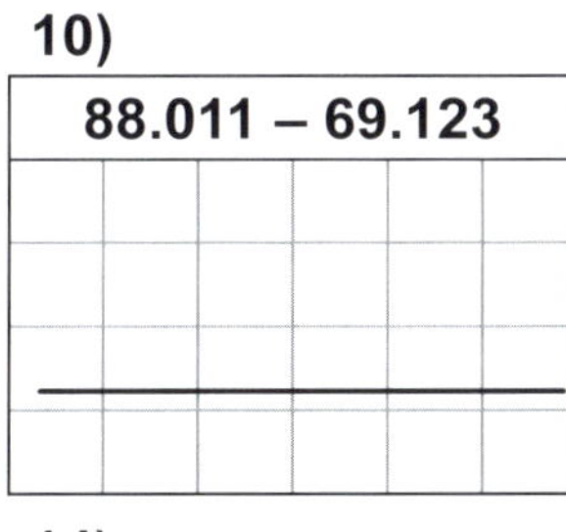

11) 45.153 – 26.564

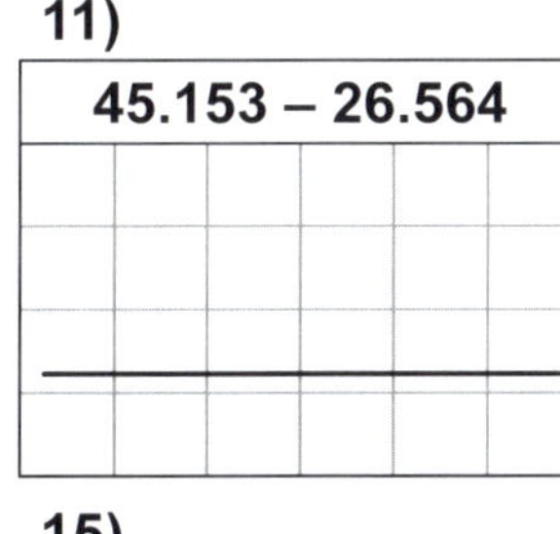

12) 27.738 – 3673

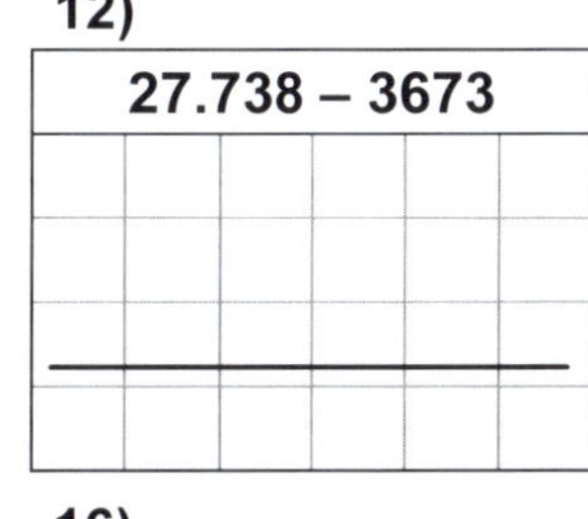

13) 24.604 – 2711

14) 60.315 – 44.245

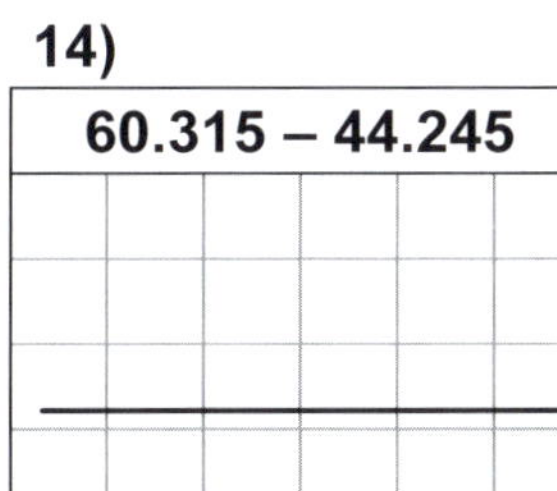

15) 38.217 – 25.863

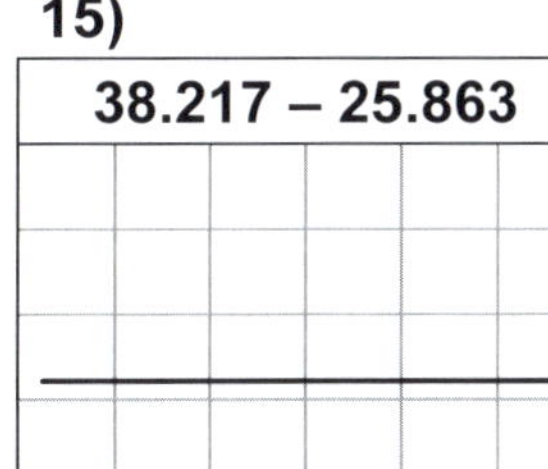

16) 53.418 – 45.317

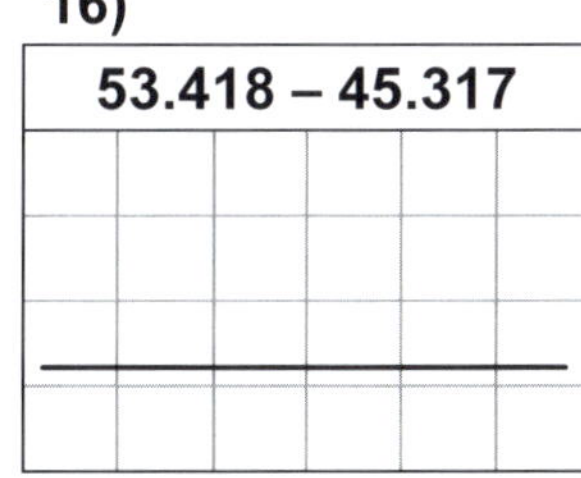

BILD AUS PUNKTEN

KOHL VERLAG
MATHE-TRAINING ... zur Wiederholung & Festigung / Klasse 5 – Bestell-Nr. 13 025

– LÖSUNG –

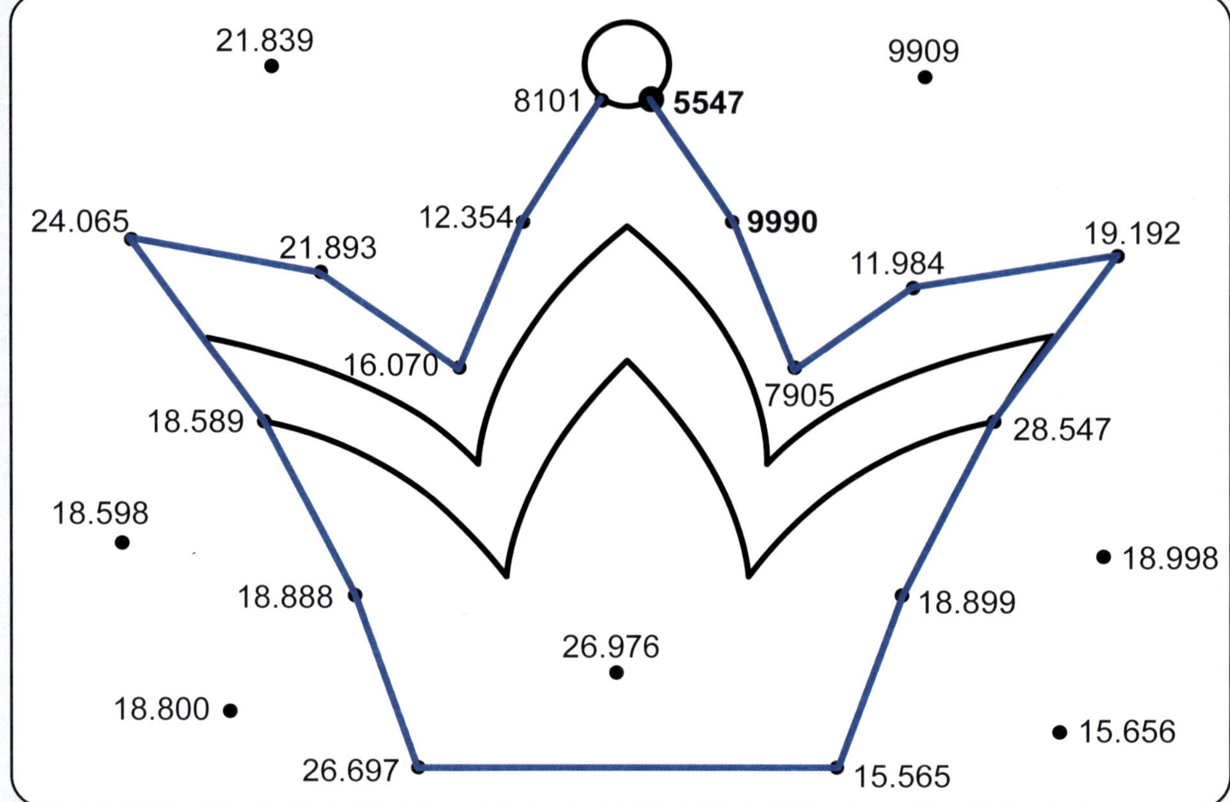

1)

10.102 – 4555					
	1	0	1	0	2
–		4	5	5	5
	1	1	1	1	
		5	5	4	7

2)

90.080 – 80.090					
	9	0	0	8	0
–	8	0	0	9	0
	1	1	1		
		9	9	9	0

3)

14.615 – 6710					
	1	4	6	1	5
–		6	7	1	0
	1	1			
		7	9	0	5

4)

50.500 – 38.516					
	5	0	5	0	0
–	3	8	5	1	6
	1	1	1	1	
	1	1	9	8	4

5)

33.333 – 14.141					
	3	3	3	3	3
–	1	4	1	4	1
	1		1		
	1	9	1	9	2

6)

31.015 – 2468					
	3	1	0	1	5
–		2	4	6	8
	1	1	1	1	
	2	8	5	4	7

7)

51.402 – 32.503					
	5	1	4	0	2
–	3	2	5	0	3
	1	1	1	1	
	1	8	8	9	9

8)

60.009 – 44.444					
	6	0	0	0	9
–	4	4	4	4	4
	1	1	1		
	1	5	5	6	5

9)

70.003 – 43.306					
	7	0	0	0	3
–	4	3	3	0	6
	1	1	1	1	
	2	6	6	9	7

10)

88.011 – 69.123					
	8	8	0	1	1
–	6	9	1	2	3
	1	1	1	1	
	1	8	8	8	8

11)

45.153 – 26.564					
	4	5	1	5	3
–	2	6	5	6	4
	1	1	1	1	
	1	8	5	8	9

12)

27.738 – 3673					
	2	7	7	3	8
–		3	6	7	3
			1		
	2	4	0	6	5

13)

24.604 – 2711					
	2	4	6	0	4
–		2	7	1	1
		1	1		
	2	1	8	9	3

14)

60.315 – 44.245					
	6	0	3	1	5
–	4	4	2	4	5
	1		1		
	1	6	0	7	0

15)

38.217 – 25.863					
	3	8	2	1	7
–	2	5	8	6	3
		1	1		
	1	2	3	5	4

16)

53.418 – 45.317					
	5	3	4	1	8
–	4	5	3	1	7
	1				
		8	1	0	1

BILD AUS PUNKTEN

Subtraktion schriftlich (3 Zahlen untereinander)

So geht's: Rechne aus und verbinde die Punkte bei den Ergebnissen in der Reihenfolge der Aufgaben.

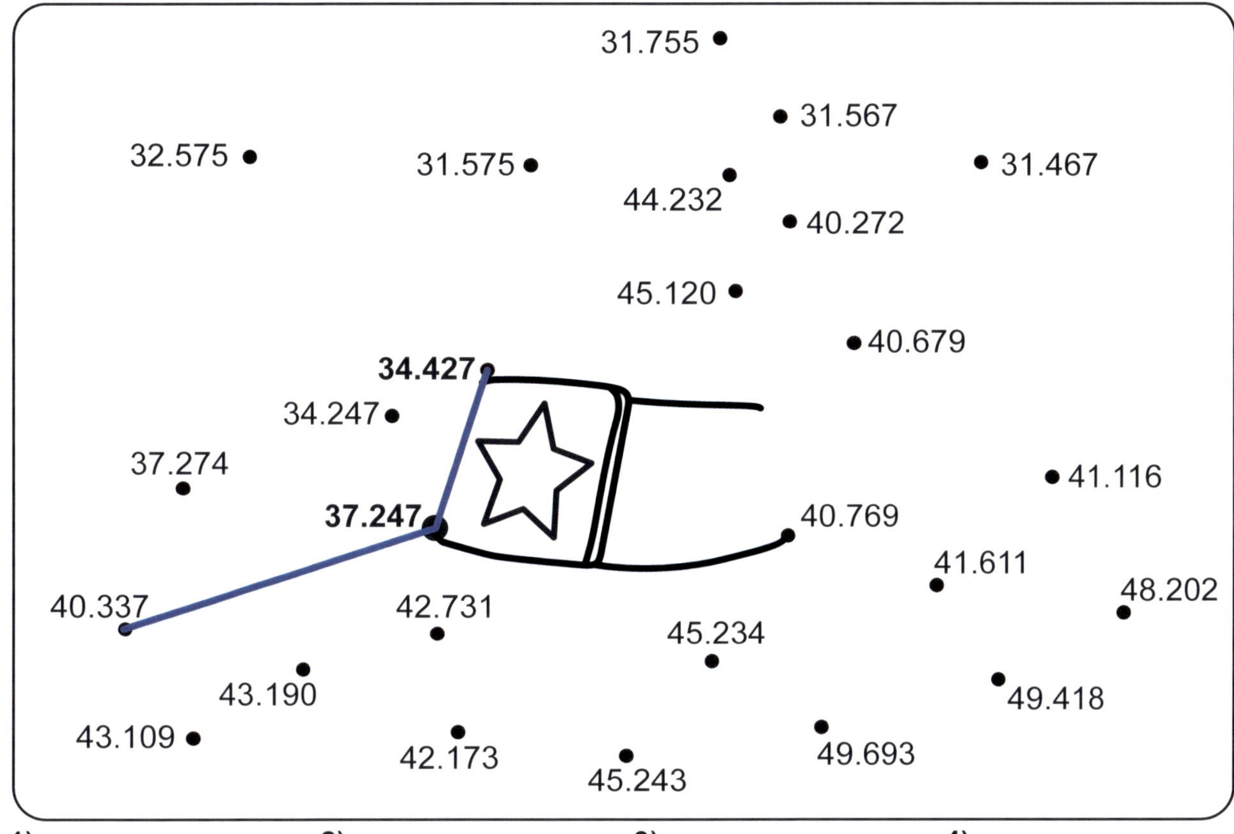

1)

	9	0	3	8	2
−	3	8	1	2	2
−	1	5	0	1	3
	2			1	
	3	7	2	4	7

2)

	7	1	0	0	2
−		9	9	2	8
−	2	6	6	4	7
	2	2	1	2	
	3	4	4	2	7

3)

	7	2	3	0	1
−	2	3	2	9	1
−	1	7	2	5	5

4)

	9	0	0	4	4
−	3	8	5	0	3
−	1	9	9	7	4

5)

	5	1	5	0	3
−		8	9	7	8
−		2	2	5	3

6)

	8	2	1	0	3
−	2	2	5	8	3
−	1	5	2	8	8

7)

	7	7	0	2	5
−		5	8	6	1
−	2	6	0	4	4

8)

	8	2	0	0	1
−	2	2	2	5	5
−	1	8	9	7	7

9)

	6	4	8	3	5
−	2	1	1	2	2
−		2	1	0	2

10)

	6	1	2	5	2
−		8	8	1	7
−		4	2	3	3

11)

	7	1	2	3	2
−	1	1	8	1	5
−		9	9	9	9

12)

	5	7	2	5	8
−		4	3	0	8
−		3	2	5	7

13)

	8	9	7	9	8
−	3	3	2	3	4
−	1	1	3	2	1

14)

	9	2	3	5	1
−	4	2	5	1	2
−		7	6	6	6

15)

	5	4	8	2	7
−		6	6	2	2
−		5	0	1	5

16)

	5	0	0	0	0
−		8	7	6	5
−			8	9	8

BILD AUS PUNKTEN

MATHE-TRAINING ... zur Wiederholung & Festigung / Klasse 5 – Bestell-Nr. 13 025
KOHL VERLAG

Subtraktion schriftlich (3 Zahlen untereinander)

21**

BILD AUS PUNKTEN

– LÖSUNG –

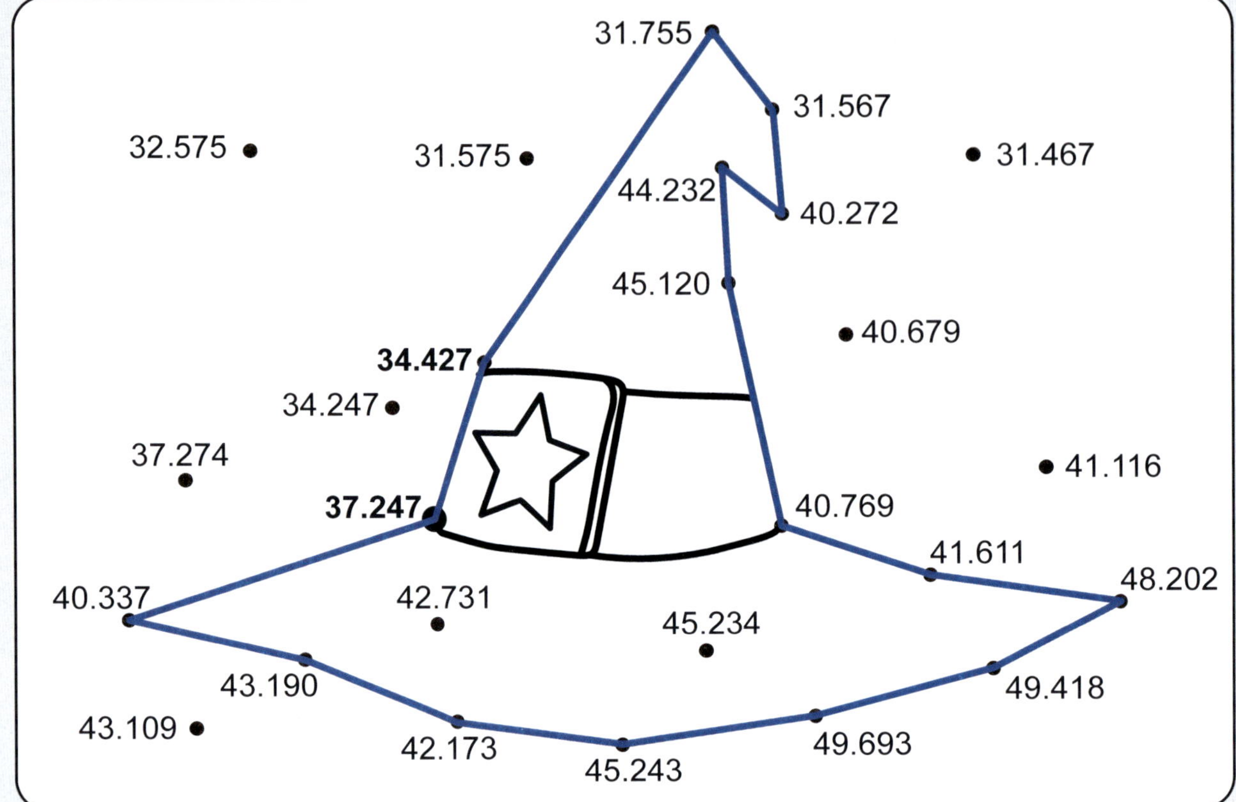

1)

	9	0	3	8	2
–	3	8	1	2	2
–	1	5	0	1	3
	2			1	
	3	7	2	4	7

2)

	7	1	0	0	2
–		9	9	2	8
–	2	6	6	4	7
	2	2	1	2	
	3	4	4	2	7

3)

	7	2	3	0	1
–	2	3	2	9	1
–	1	7	2	5	5
	1	1	2	1	
	3	1	7	5	5

4)

	9	0	0	4	4
–	3	8	5	0	3
–	1	9	9	7	4
	2	2	1	1	
	3	1	5	6	7

5)

	5	1	5	0	3
–		8	9	7	8
–		2	2	5	3
	1	1	2	1	
	4	0	2	7	2

6)

	8	2	1	0	3
–	2	2	5	8	3
–	1	5	2	8	8
	1	1	2	1	
	4	4	2	3	2

7)

	7	7	0	2	5
–		5	8	6	1
–	2	6	0	4	4
	1	1	1		
	4	5	1	2	0

8)

	8	2	0	0	1
–	2	2	2	5	5
–	1	8	9	7	7
	1	2	2	2	
	4	0	7	6	9

9)

	6	4	8	3	5
–	2	1	1	2	2
–		2	1	0	2
	4	1	6	1	1

10)

	6	1	2	5	2
–		8	8	1	7
–		4	2	3	3
	2	1		1	
	4	8	2	0	2

11)

	7	1	2	3	2
–	1	1	8	1	5
–		9	9	9	9
	2	2	1	2	
	4	9	4	1	8

12)

	5	7	2	5	8
–		4	3	0	8
–		3	2	5	7
	1	1	1	1	
	4	9	6	9	3

13)

	8	9	7	9	8
–	3	3	2	3	4
–	1	1	3	2	1
	4	5	2	4	3

14)

	9	2	3	5	1
–	4	2	5	1	2
–		7	6	6	6
	1	1	1	1	
	4	2	1	7	3

15)

	5	4	8	2	7
–		6	6	2	2
–		5	0	1	5
	1		1		
	4	3	1	9	0

16)

	5	0	0	0	0
–		8	7	6	5
–			8	9	8
	1	2	2	2	
	4	0	3	3	7

MATHE-TRAINING

Multiplikation mündlich: Kleines 1 • 1

So geht's: Rechne aus und ordne aus dem Schlüssel die richtigen Silben zu. Du erhältst einen Lösungssatz.

Aufgabe	Ergebnis	Text
5 • 5 =	**25**	Wie
4 • 8 =		
6 • 3 =		
9 • 6 =		
3 • 4 =		
9 • 9 =		
4 • 7 =		
2 • 4 =		
7 • 5 =		
6 • 8 =		

Aufgabe	Ergebnis	Text
5 • 3 =		
8 • 9 =		
3 • 7 =		
9 • 5 =		
8 • 8 =		
4 • 9 =		
8 • 7 =		
7 • 6 =		
9 • 3 =		
7 • 9 =		

Schlüssel:

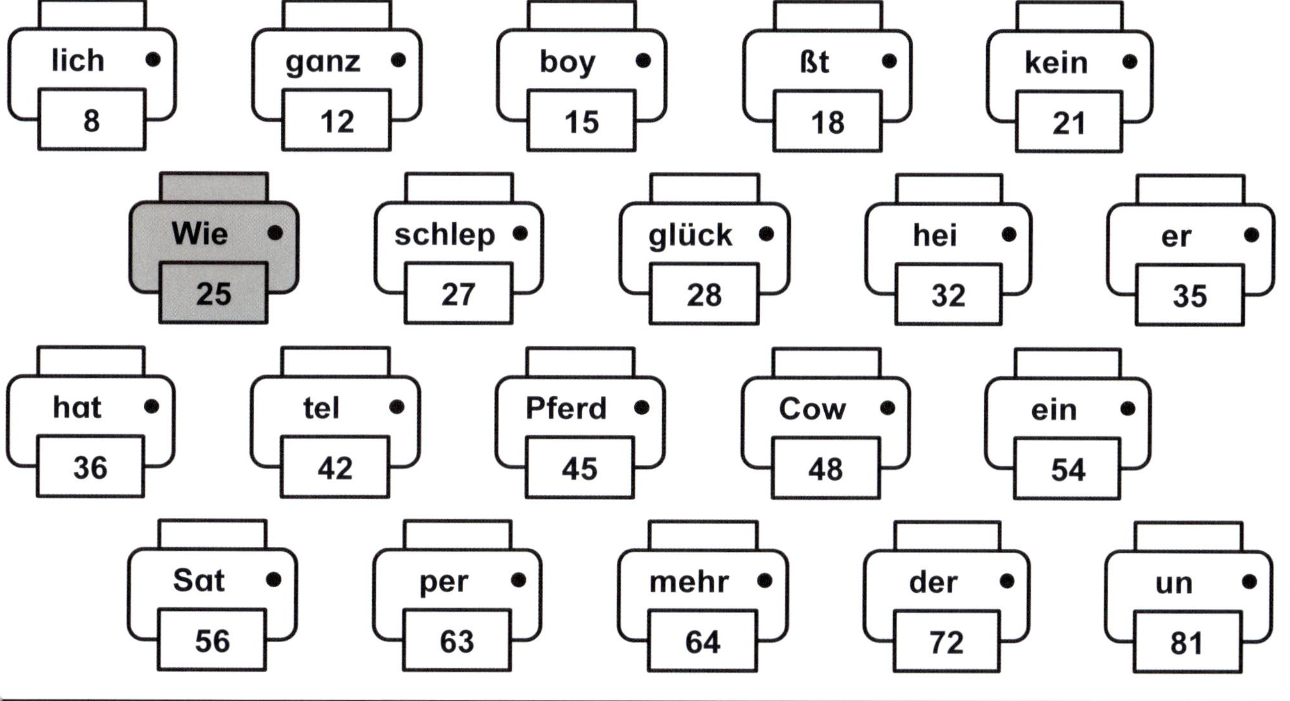

Lösungssatz:

Wie ______ ______–______ ______ ______ ______–______–______–______

______–______, ______ ______ ______ ______ ______?

______–______–______–______.

GEHEIMSCHRIFT

MATHE-TRAINING ... zur Wiederholung & Festigung / Klasse 5 – Bestell-Nr. 13 025

– LÖSUNG –

Aufgabe	Ergebnis	Text
5 • 5 =	**25**	**Wie**
4 • 8 =	**32**	**hei**
6 • 3 =	**18**	**ßt**
9 • 6 =	**54**	**ein**
3 • 4 =	**12**	**ganz**
9 • 9 =	**81**	**un**
4 • 7 =	**28**	**glück**
2 • 4 =	**8**	**lich**
7 • 5 =	**35**	**er**
6 • 8 =	**48**	**Cow**

Aufgabe	Ergebnis	Text
5 • 3 =	**15**	**boy**
8 • 9 =	**72**	**der**
3 • 7 =	**21**	**kein**
9 • 5 =	**45**	**Pferd**
8 • 8 =	**64**	**mehr**
4 • 9 =	**36**	**hat**
8 • 7 =	**56**	**Sat**
7 • 6 =	**42**	**tel**
9 • 3 =	**27**	**schlep**
7 • 9 =	**63**	**per**

Lösungssatz:
Wie heißt ein ganz unglücklicher Cowboy, der kein Pferd mehr hat? Sattelschlepper.

Multiplikation mündlich: 1 • 1 mit Z, H, T

So geht's: Rechne aus und ordne aus dem Schlüssel die richtigen Silben zu. Du erhältst einen Lösungssatz.

Aufgabe	Ergebnis	Text
60 • 8 =	**480**	Ich
6 • 8000 =		
60 • 80 =		
400 • 7 =		
4 • 70 =		
9000 • 6 =		
7 • 500 =		
60 • 90 =		
50 • 7 =		
60 • 30 =		

Aufgabe	Ergebnis	Text
4 • 80 =		
900 • 5 =		
3000 • 6 =		
30 • 40 =		
50 • 8 =		
80 • 40 =		
4 • 30 =		
50 • 9 =		
80 • 50 =		
90 • 500 =		

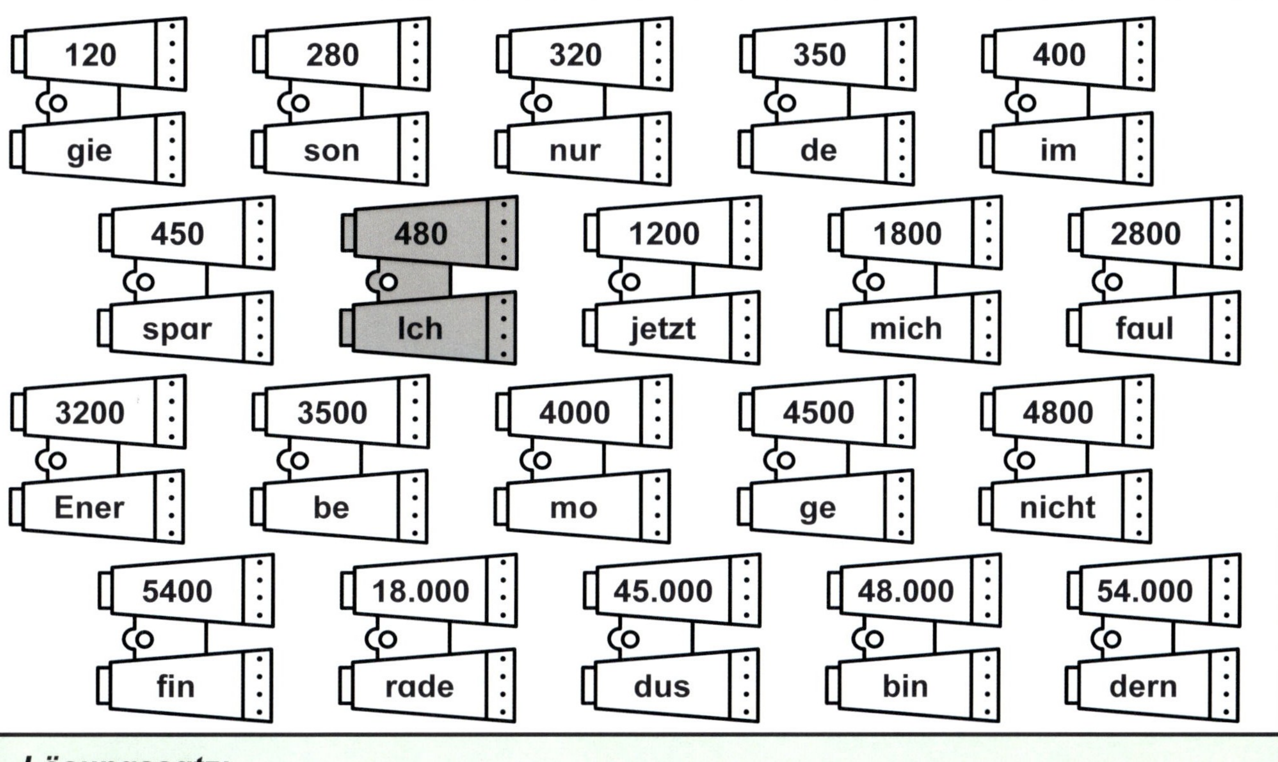

Lösungssatz:

Ich ____ ____ ________, ______–______ ____–______–____

______ ______ ____–________ ________ ____

________–______–________–______–______.

GEHEIMSCHRIFT

MATHE-TRAINING ... zur Wiederholung & Festigung / Klasse 5 – Bestell-Nr. 13 025

KOHL VERLAG

– LÖSUNG –

Aufgabe	Ergebnis	Text
60 • 8 =	**480**	**Ich**
6 • 8000 =	**48.000**	**bin**
60 • 80 =	**4800**	**nicht**
400 • 7 =	**2800**	**faul**
4 • 70 =	**280**	**son**
9000 • 6 =	**54.000**	**dern**
7 • 500 =	**3500**	**be**
60 • 90 =	**5400**	**fin**
50 • 7 =	**350**	**de**
60 • 30 =	**1800**	**mich**

Aufgabe	Ergebnis	Text
4 • 80 =	**320**	**nur**
900 • 5 =	**4500**	**ge**
3000 • 6 =	**18.000**	**rade**
30 • 40 =	**1200**	**jetzt**
50 • 8 =	**400**	**im**
80 • 40 =	**3200**	**Ener**
4 • 30 =	**120**	**gie**
50 • 9 =	**450**	**spar**
80 • 50 =	**4000**	**mo**
90 • 500 =	**45.000**	**dus**

Lösungssatz:

Ich bin nicht faul, sondern befinde mich nur gerade jetzt im Energiesparmodus.

GEHEIMSCHRIFT

Multiplikation mündlich: Großes 1 • 1

24**

So geht's: Rechne aus und ordne aus dem Schlüssel die richtigen Silben zu. Du erhältst einen Lösungssatz.

Aufgabe	Ergebnis	Text
4 • 12 =	**48**	Un
9 • 14 =		
5 • 15 =		
9 • 16 =		
3 • 12 =		
5 • 14 =		
7 • 12 =		
5 • 13 =		
9 • 19 =		
5 • 16 =		

Aufgabe	Ergebnis	Text
9 • 12 =		
5 • 17 =		
6 • 12 =		
9 • 18 =		
3 • 15 =		
8 • 12 =		
9 • 17 =		
5 • 12 =		
9 • 15 =		
5 • 18 =		

Schlüssel:

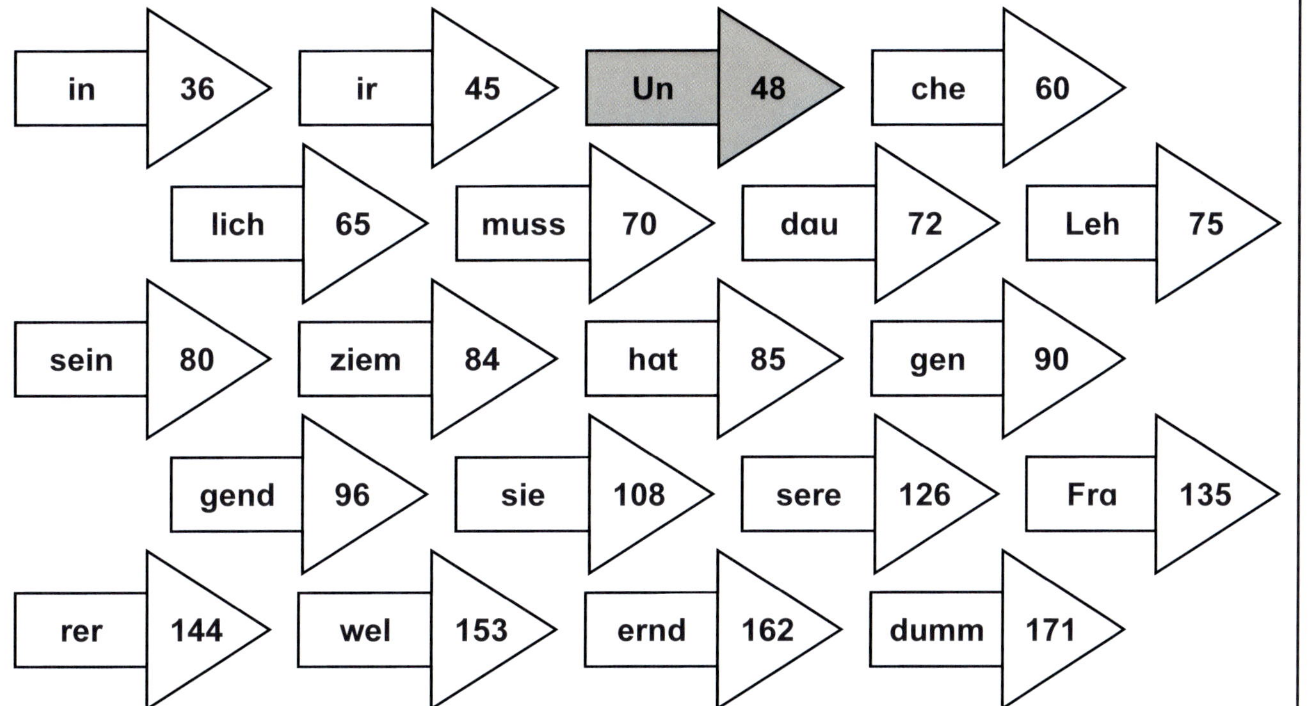

Lösungssatz:

Un –______ ______–______–______ ______ ______–______

______ ______. ______ ______ ______–______

______–______–______–______ ______–______.

GEHEIMSCHRIFT

KOHL VERLAG
MATHE-TRAINING
... zur Wiederholung & Festigung / Klasse 5 – Bestell-Nr. 13 025

– LÖSUNG –

Aufgabe	Ergebnis	Text
4 • 12 =	**48**	**Un**
9 • 14 =	**126**	**sere**
5 • 15 =	**75**	**Leh**
9 • 16 =	**144**	**rer**
3 • 12 =	**36**	**in**
5 • 14 =	**70**	**muss**
7 • 12 =	**84**	**ziem**
5 • 13 =	**65**	**lich**
9 • 19 =	**171**	**dumm**
5 • 16 =	**80**	**sein**

Aufgabe	Ergebnis	Text
9 • 12 =	**108**	**sie**
5 • 17 =	**85**	**hat**
6 • 12 =	**72**	**dau**
9 • 18 =	**162**	**ernd**
3 • 15 =	**45**	**ir**
8 • 12 =	**96**	**gend**
9 • 17 =	**153**	**wel**
5 • 12 =	**60**	**che**
9 • 15 =	**135**	**Fra**
5 • 18 =	**90**	**gen**

Lösungssatz:
Unsere Lehrerin muss ziemlich dumm sein. Sie hat dauernd irgendwelche Fragen.

Multiplikation schriftlich (2- und 3-stellige Zahlen)

So geht's: Rechne, schneide die Puzzleteile aus und lege sie passend im Spielplan auf.

Puzzleteile:

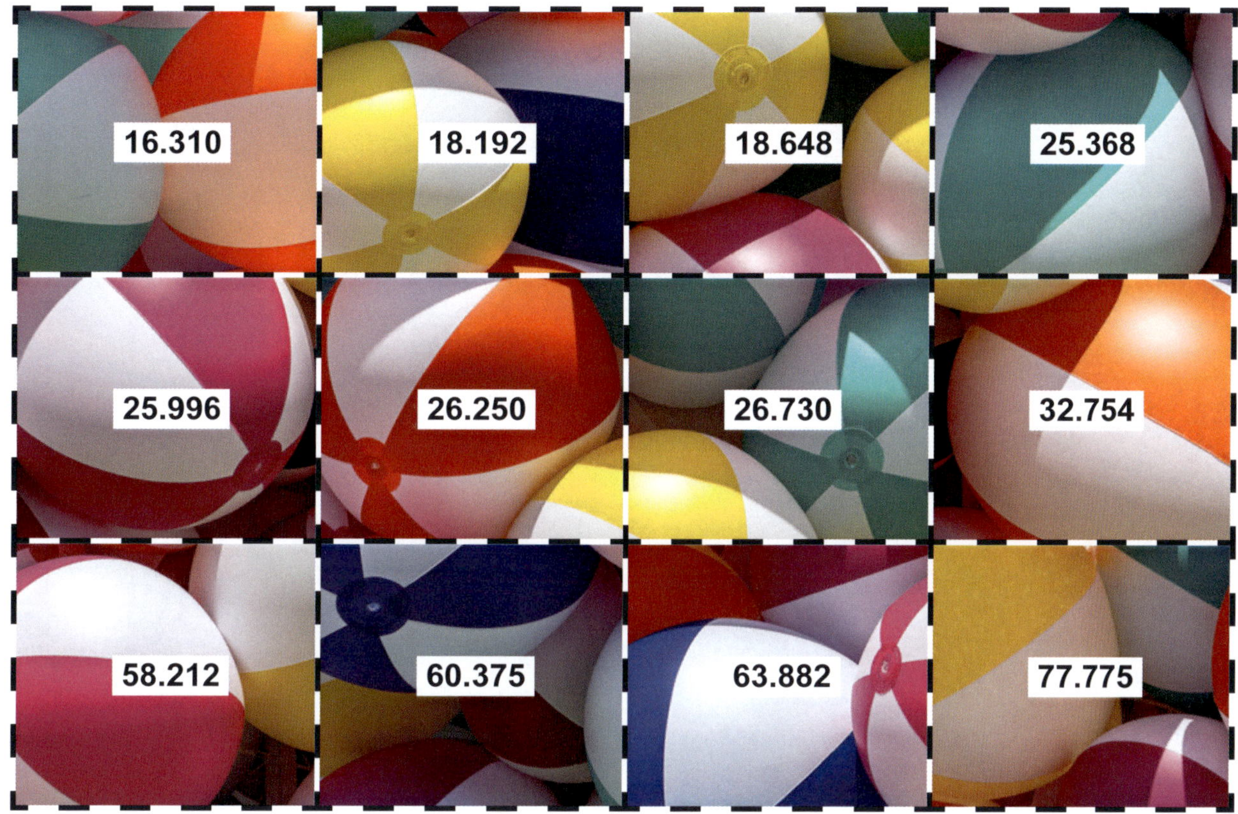

Spielplan:

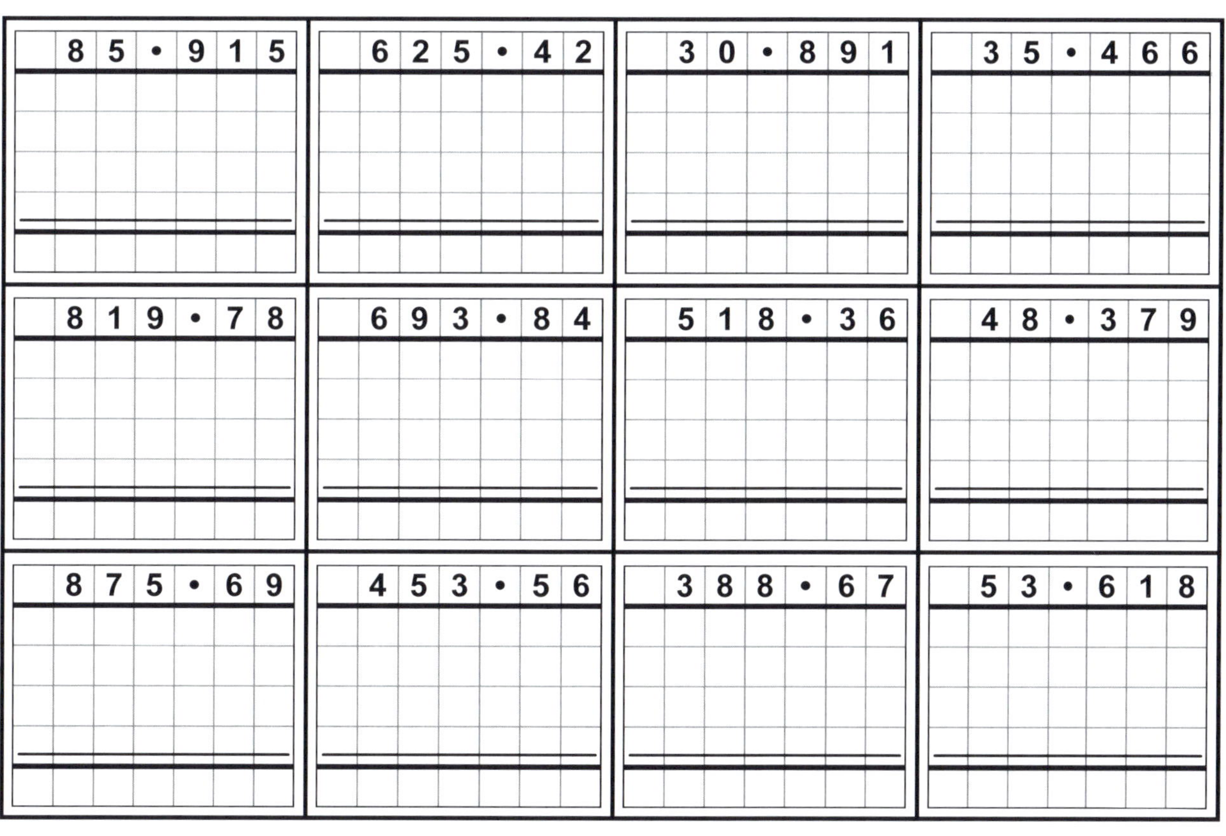

PUZZLE

KOHL VERLAG
MATHE-TRAINING ... zur Wiederholung & Festigung / Klasse 5 – Bestell-Nr. 13 025

– LÖSUNG –

Puzzleteile:

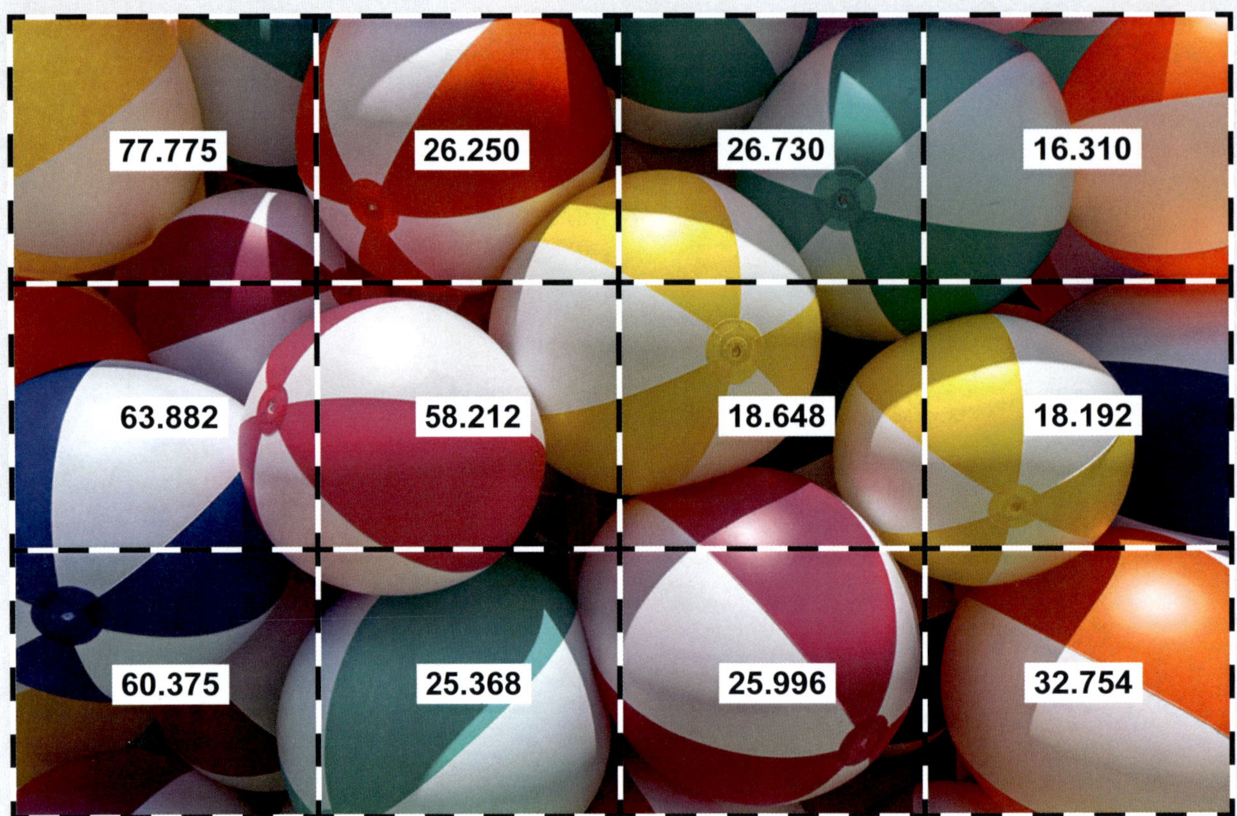

Spielplan:

	8	5	•	9	1	5
		7	6	5		
				8	5	
				4	2	5
			1			
		7	7	7	7	5

	6	2	5	•	4	2
		2	5	0	0	
			1	2	5	0
		2	6	2	5	0

	3	0	•	8	9	1
		2	4	0		
			2	7	0	
					3	0
		2	6	7	3	0

	3	5	•	4	6	6
		1	4	0		
			2	1	0	
				2	1	0
		1	6	3	1	0

	8	1	9	•	7	8
		5	7	3	3	
			6	5	5	2
		1				
		6	3	8	8	2

	6	9	3	•	8	4
		5	5	4	4	
			2	7	7	2
			1	1		
		5	8	2	1	2

	5	1	8	•	3	6
		1	5	5	4	
			3	1	0	8
		1	8	6	4	8

	4	8	•	3	7	9
		1	4	4		
			3	3	6	
				4	3	2
			1			
		1	8	1	9	2

	8	7	5	•	6	9
		5	2	5	0	
			7	8	7	5
		1	1			
		6	0	3	7	5

	4	5	3	•	5	6
		2	2	6	5	
			2	7	1	8
			1			
		2	5	3	6	8

	3	8	8	•	6	7
		2	3	2	8	
			2	7	1	6
		2	5	9	9	6

	5	3	•	6	1	8
		3	1	8		
				5	3	
				4	2	4
			1			
		3	2	7	5	4

PUZZLE

Multiplikation schriftlich (3-stellige Zahlen)

So geht's: Rechne, schneide die Puzzleteile aus und lege sie passend im Spielplan auf.

Puzzleteile:

Spielplan:

4 2 8 • 8 3 3	7 1 8 • 3 8 4	2 4 7 • 5 3 9	8 3 1 • 4 9 3
2 9 5 • 6 3 4	4 8 3 • 2 1 5	8 2 1 • 7 4 6	5 2 4 • 3 1 8
9 3 3 • 6 5 5	4 2 9 • 3 1 9	5 9 3 • 9 2 5	8 5 3 • 8 3 5

PUZZLE

KOHL VERLAG Lernen mit Erfolg
MATHE-TRAINING ... zur Wiederholung & Festigung / Klasse 5 – Bestell-Nr. 13 025

– LÖSUNG –

Puzzleteile:

Spielplan:

4	2	8	•	8	3	3
	3	4	2	4		
		1	2	8	4	
			1	2	8	4
			1	1		
	3	5	6	5	2	4

7	1	8	•	3	8	4
	2	1	5	4		
		5	7	4	4	
			2	8	7	2
		1	1	1		
	2	7	5	7	1	2

2	4	7	•	5	3	9
	1	2	3	5		
			7	4	1	
			2	2	2	3
		1	1			
	1	3	3	1	3	3

8	3	1	•	4	9	3
	3	3	2	4		
		7	4	7	9	
			2	4	9	3
	1		1	1		
	4	0	9	6	8	3

2	9	5	•	6	3	4
	1	7	7	0		
			8	8	5	
			1	1	8	0
		1	1	1		
	1	8	7	0	3	0

4	8	3	•	2	1	5
		9	6	6		
			4	8	3	
			2	4	1	5
	1	1	1			
	1	0	3	8	4	5

8	2	1	•	7	4	6
	5	7	4	7		
		3	2	8	4	
			4	9	2	6
	1	1	2			
	6	1	2	4	6	6

5	2	4	•	3	1	8
	1	5	7	2		
			5	2	4	
			4	1	9	2
		1		1		
	1	6	6	6	3	2

9	3	3	•	6	5	5
	5	5	9	8		
		4	6	6	5	
			4	6	6	5
	1	2	2	1		
	6	1	1	1	1	5

4	2	9	•	3	1	9
	1	2	8	7		
			4	2	9	
			3	8	6	1
		1	1	1		
	1	3	6	8	5	1

5	9	3	•	9	2	5
	5	3	3	7		
		1	1	8	6	
			2	9	6	5
			2	1		
	5	4	8	5	2	5

8	5	3	•	8	3	5
	6	8	2	4		
		2	5	5	9	
			4	2	6	5
	1	1	1	1		
	7	1	2	2	5	5

PUZZLE

Multiplikation schriftlich (mehrstellige Zahlen, Ziffer 0)

So geht's: Rechne, schneide die Puzzleteile aus und lege sie passend im Spielplan auf.

Puzzleteile:

Spielplan:

2905 • 488	1674 • 508	2891 • 375	17802 • 89
2780 • 409	2081 • 385	1709 • 907	2729 • 308
1908 • 399	4769 • 208	3083 • 273	2985 • 407

PUZZLE

MATHE-TRAINING
... zur Wiederholung & Festigung / Klasse 5 – Bestell-Nr. 13 025
KOHL VERLAG

Multiplikation schriftlich (mehrstellige Zahlen, Ziffer 0)

– LÖSUNG –

Puzzleteile:

Spielplan:

2	9	0	5	•	4	8	8
	1	1	6	2	0		
		2	3	2	4	0	
			2	3	2	4	0
		1					
	1	4	1	7	6	4	0

1	6	7	4	•	5	0	8
		8	3	7	0		
			0	0	0	0	
			1	3	3	9	2
			1				
		8	5	0	3	9	2

2	8	9	1	•	3	7	5
		8	6	7	3		
		2	0	2	3	7	
			1	4	4	5	5
	1		1	1	1		
	1	0	8	4	1	2	5

1	7	8	0	2	•	8	9
	1	4	2	4	1	6	
		1	6	0	2	1	8
	1	5	8	4	3	7	8

2	7	8	0	•	4	0	9
	1	1	1	2	0		
			0	0	0	0	
			2	5	0	2	0
	1	1	3	7	0	2	0

2	0	8	1	•	3	8	5
		6	2	4	3		
		1	6	6	4	8	
			1	0	4	0	5
		1	1	1			
		8	0	1	1	8	5

1	7	0	9	•	9	0	7
	1	5	3	8	1		
			0	0	0	0	
			1	1	9	6	3
			1	1			
	1	5	5	0	0	6	3

2	7	2	9	•	3	0	8
		8	1	8	7		
			0	0	0	0	
			2	1	8	3	2
			1	1			
		8	4	0	5	3	2

1	9	0	8	•	3	9	9
		5	7	2	4		
		1	7	1	7	2	
			1	7	1	7	2
		1	1	1			
		7	6	1	2	9	2

4	7	6	9	•	2	0	8
		9	5	3	8		
			0	0	0	0	
			3	8	1	5	2
			1				
		9	9	1	9	5	2

3	0	8	3	•	2	7	3
		6	1	6	6		
		2	1	5	8	1	
				9	2	4	9
			2	1			
		8	4	1	6	5	9

2	9	8	5	•	4	0	7
	1	1	9	4	0		
			0	0	0	0	
			2	0	8	9	5
		1					
	1	2	1	4	8	9	5

PUZZLE

MATHE-TRAINING

Division mündlich: Kleines 1 : 1

Rechne aus und verbinde die Punkte im Bild in der Reihenfolge der Ergebniszahlen.
Achtung: Zu den unterstrichenen Aufgaben gehören die unterstrichenen Ergebniszahlen.

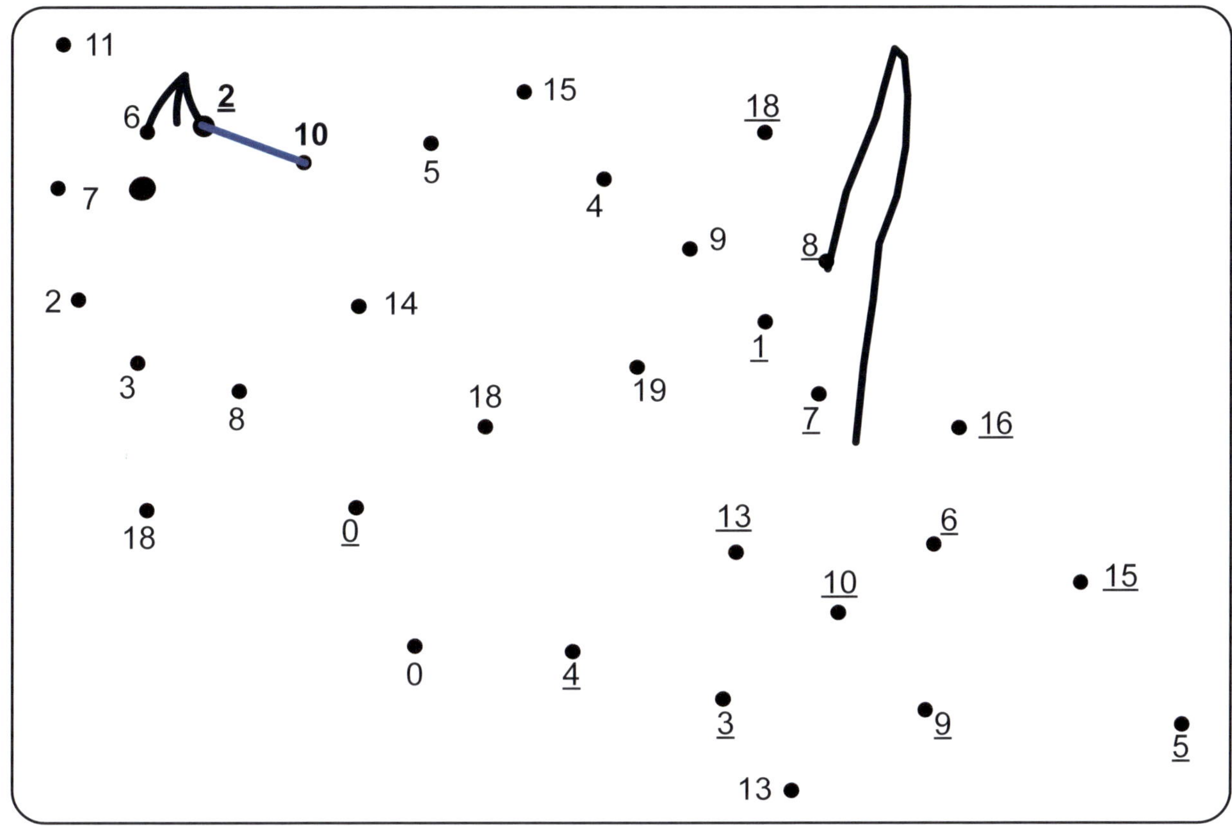

Aufgabe	Ergebnis
16 : 8 =	**2**
60 : 6 =	**10**
35 : 7 =	
20 : 5 =	
81 : 9 =	
3 : 3 =	___
16 : 2 =	___
28 : 4 =	___
54 : 9 =	___
25 : 5 =	___

Aufgabe	Ergebnis
80 : 8 =	___
45 : 5 =	___
21 : 7 =	___
12 : 3 =	___
0 : 6 =	___
72 : 9 =	
18 : 6 =	
14 : 7 =	
49 : 7 =	
48 : 8 =	

BILD AUS PUNKTEN

KOHL VERLAG
MATHE-TRAINING
... zur Wiederholung & Festigung / Klasse 5 - Bestell-Nr. 13 025

– LÖSUNG –

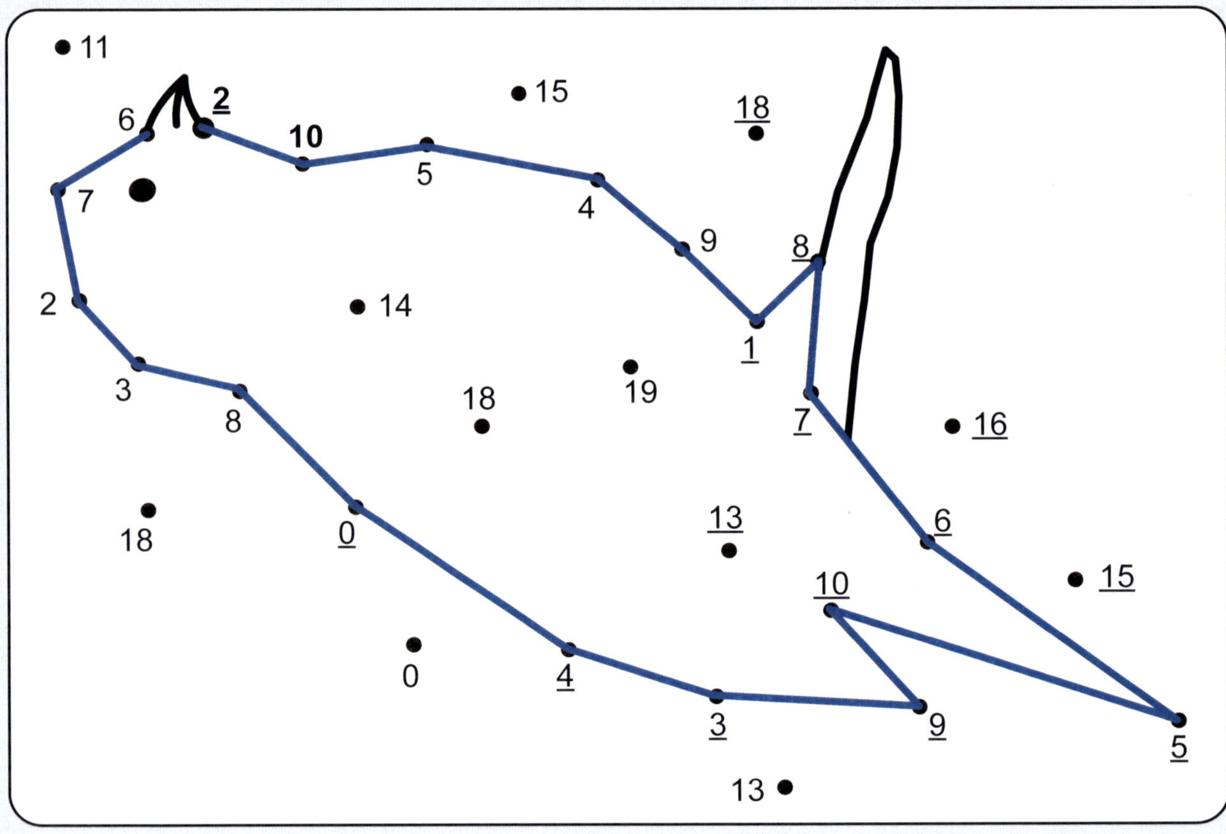

Aufgabe	Ergebnis
16 : 8 =	**2**
60 : 6 =	**10**
35 : 7 =	**5**
20 : 5 =	**4**
81 : 9 =	**9**
3 : 3 =	**1**
16 : 2 =	**8**
28 : 4 =	**7**
54 : 9 =	**6**
25 : 5 =	**5**

Aufgabe	Ergebnis
80 : 8 =	**10**
45 : 5 =	**9**
21 : 7 =	**3**
12 : 3 =	**4**
0 : 6 =	**0**
72 : 9 =	**8**
18 : 6 =	**3**
14 : 7 =	**2**
49 : 7 =	**7**
48 : 8 =	**6**

BILD AUS PUNKTEN

Division mündlich: 1 : 1 mit glatten Z- und H-Zahlen

So geht's: Rechne aus und verbinde die Punkte im Bild in der Reihenfolge der Ergebnisse.

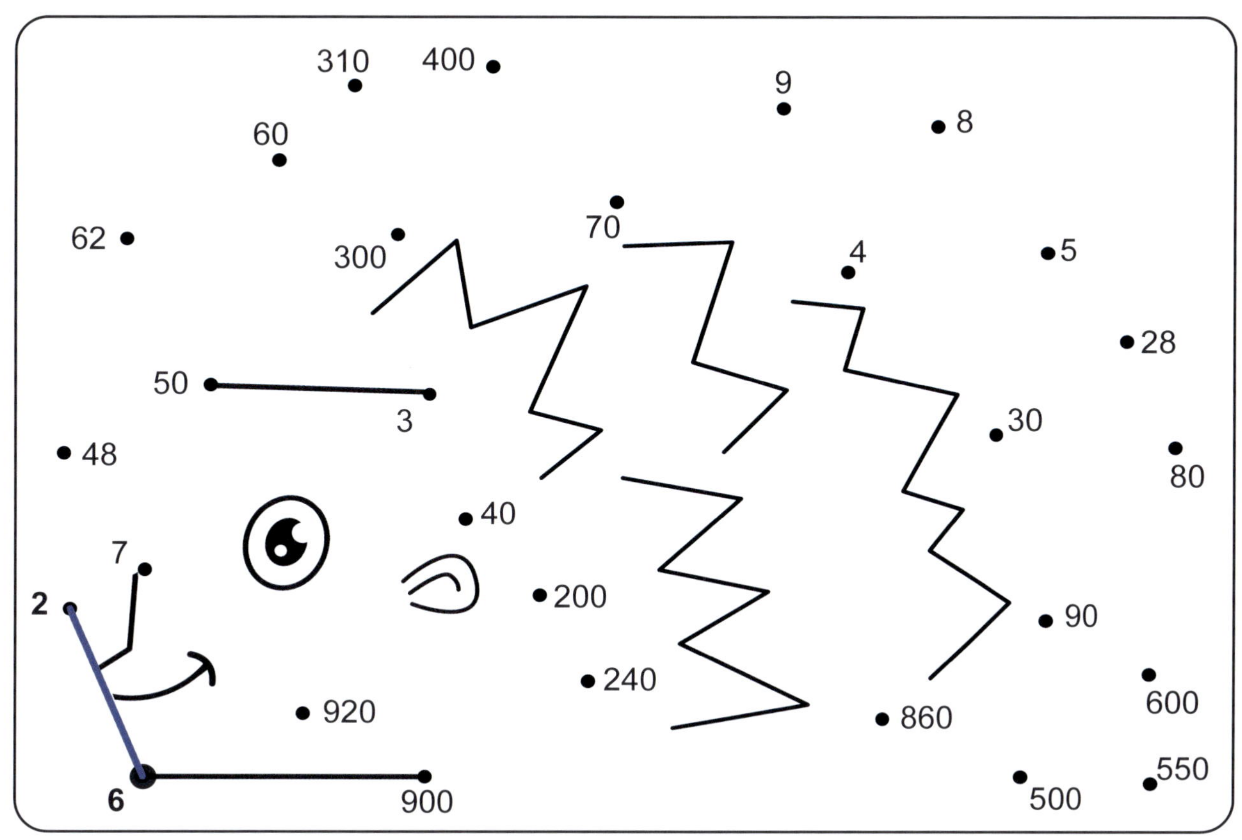

Aufgabe	Ergebnis
360 : 60 =	**6**
180 : 90 =	**2**
490 : 70 =	
2500 : 50 =	
2400 : 40 =	
1500 : 5 =	
3200 : 8 =	
2100 : 30 =	
810 : 90 =	
280 : 70 =	

Aufgabe	Ergebnis
3500 : 700 =	
1800 : 60 =	
3200 : 40 =	
270 : 3 =	
3000 : 5 =	
4500 : 9 =	
1800 : 2 =	
1600 : 8 =	
400 : 10 =	
1800 : 600 =	

BILD AUS PUNKTEN

KOHL VERLAG Lernen mit Erfolg
MATHE-TRAINING ... zur Wiederholung & Festigung / Klasse 5 – Bestell-Nr. 13 025

– LÖSUNG –

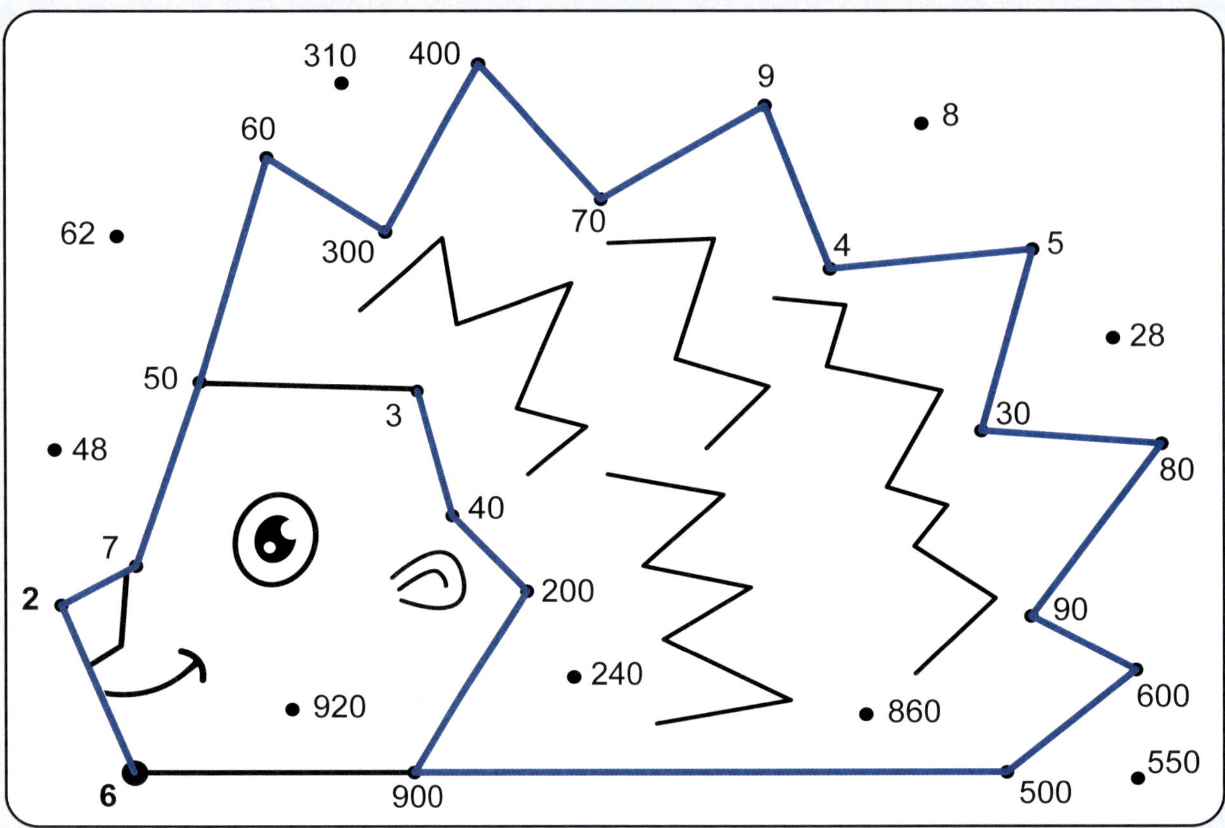

Aufgabe	Ergebnis
360 : 60 =	**6**
180 : 90 =	**2**
490 : 70 =	**7**
2500 : 50 =	**50**
2400 : 40 =	**60**
1500 : 5 =	**300**
3200 : 8 =	**400**
2100 : 30 =	**70**
810 : 90 =	**9**
280 : 70 =	**4**

Aufgabe	Ergebnis
3500 : 700 =	**5**
1800 : 60 =	**30**
3200 : 40 =	**80**
270 : 3 =	**90**
3000 : 5 =	**600**
4500 : 9 =	**500**
1800 : 2 =	**900**
1600 : 8 =	**200**
400 : 10 =	**40**
1800 : 600 =	**3**

BILD AUS PUNKTEN

Division mündlich: Großes 1 : 1

So geht's: Rechne aus und verbinde die Punkte im Bild in der Reihenfolge der Ergebnisse.

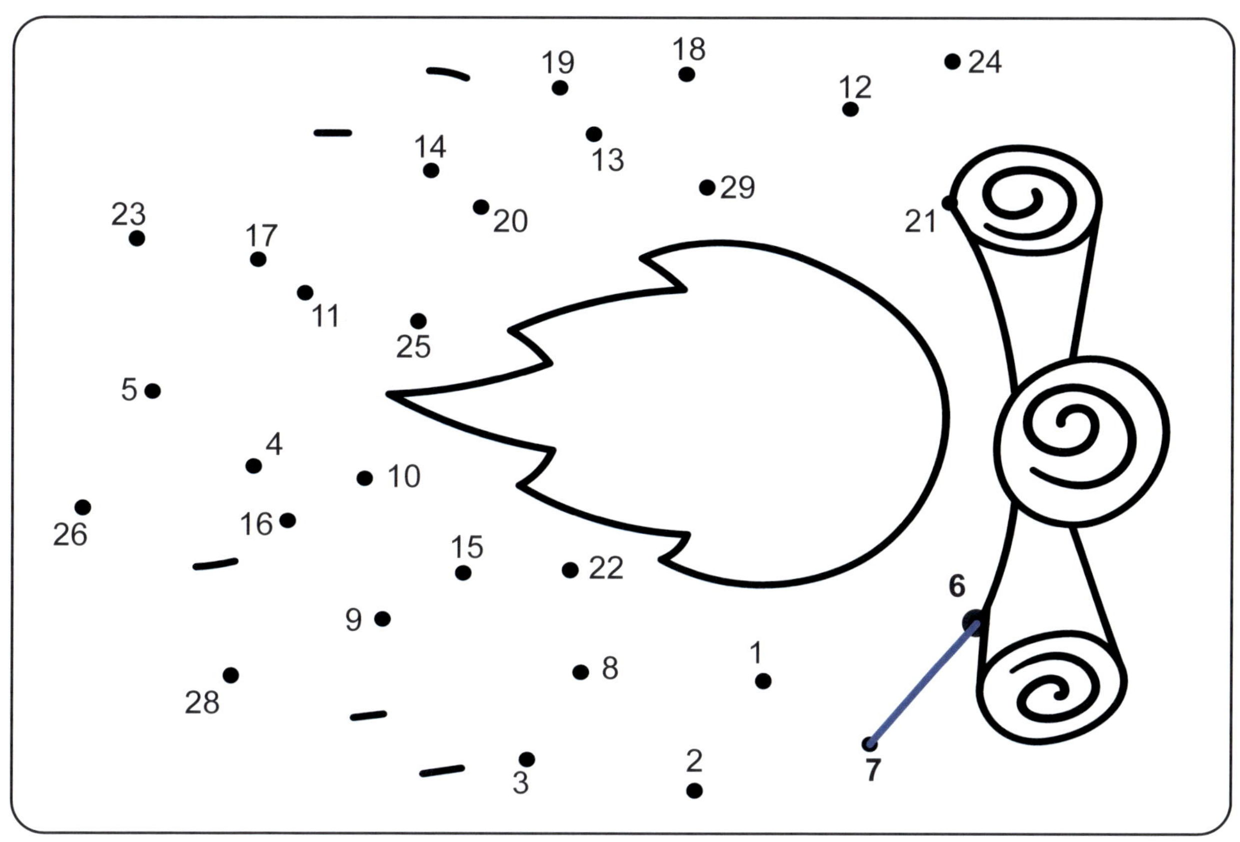

Aufgabe	Ergebnis
90 : 15 =	**6**
84 : 12 =	**7**
38 : 19 =	
39 : 13 =	
96 : 12 =	
99 : 11 =	
75 : 5 =	
48 : 3 =	
180 : 18 =	
60 : 15 =	

Aufgabe	Ergebnis
95 : 19 =	
88 : 8 =	
34 : 2 =	
140 : 7 =	
70 : 5 =	
52 : 4 =	
95 : 5 =	
36 : 2 =	
60 : 5 =	
84 : 4 =	

MATHE-TRAINING
... zur Wiederholung & Festigung / Klasse 5 – Bestell-Nr. 13 025
KOHL VERLAG

– LÖSUNG –

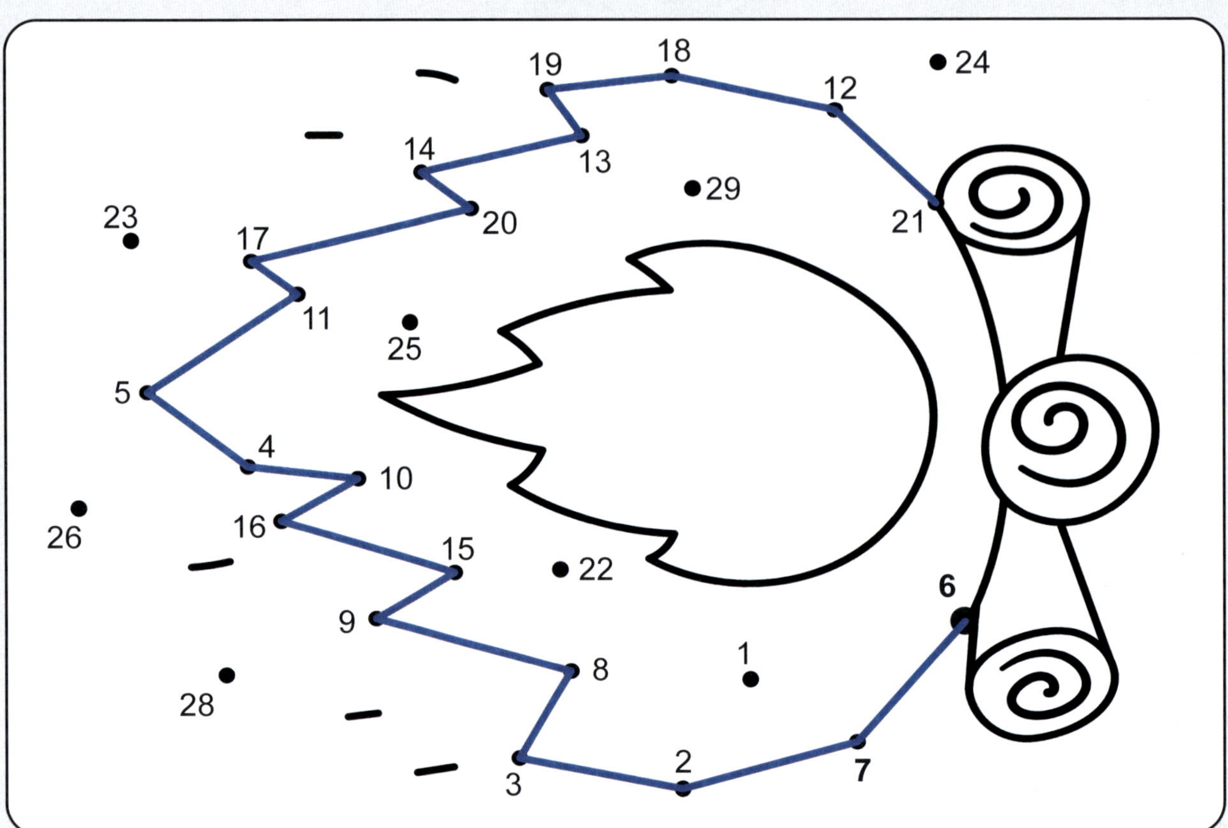

Aufgabe	Ergebnis
90 : 15 =	**6**
84 : 12 =	**7**
38 : 19 =	**2**
39 : 13 =	**3**
96 : 12 =	**8**
99 : 11 =	**9**
75 : 5 =	**15**
48 : 3 =	**16**
180 : 18 =	**10**
60 : 15 =	**4**

Aufgabe	Ergebnis
95 : 19 =	**5**
88 : 8 =	**11**
34 : 2 =	**17**
140 : 7 =	**20**
70 : 5 =	**14**
52 : 4 =	**13**
95 : 5 =	**19**
36 : 2 =	**18**
60 : 5 =	**12**
84 : 4 =	**21**

Division schriftlich (1. Ziffer passt)

So geht's: Rechne aus und male alle Felder mit den Ergebniszahlen mit einer Farbe aus.

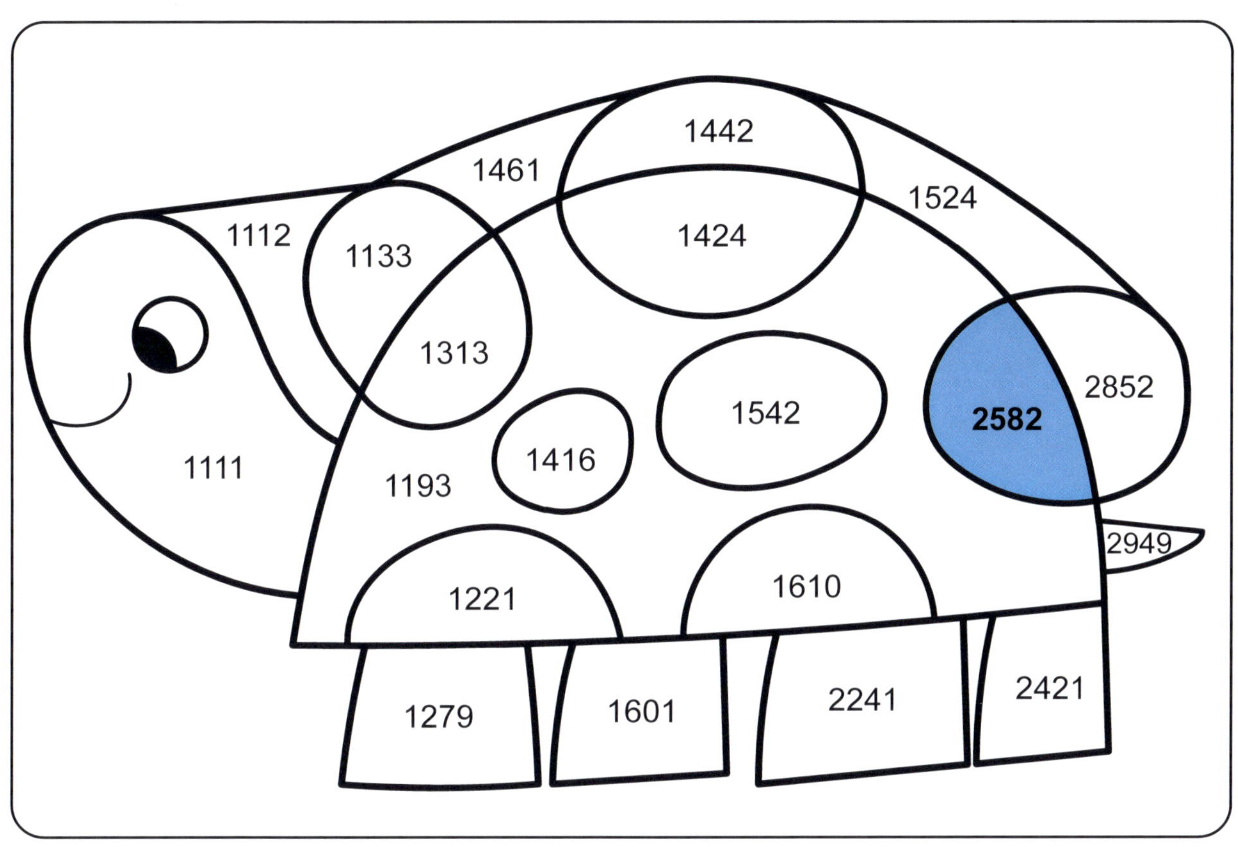

Aufgabe	Ergebnis
7746 : 3 =	**2582**
9191 : 7 =	
8964 : 4 =	
8050 : 5 =	
9544 : 8 =	
8544 : 6 =	

Aufgabe	Ergebnis
7674 : 6 =	
8847 : 3 =	
8547 : 7 =	
6168 : 4 =	
9999 : 9 =	
7080 : 5 =	

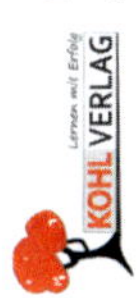

KOHL VERLAG MATHE-TRAINING ... zur Wiederholung & Festigung / Klasse 5 – Bestell-Nr. 13 025

– LÖSUNG –

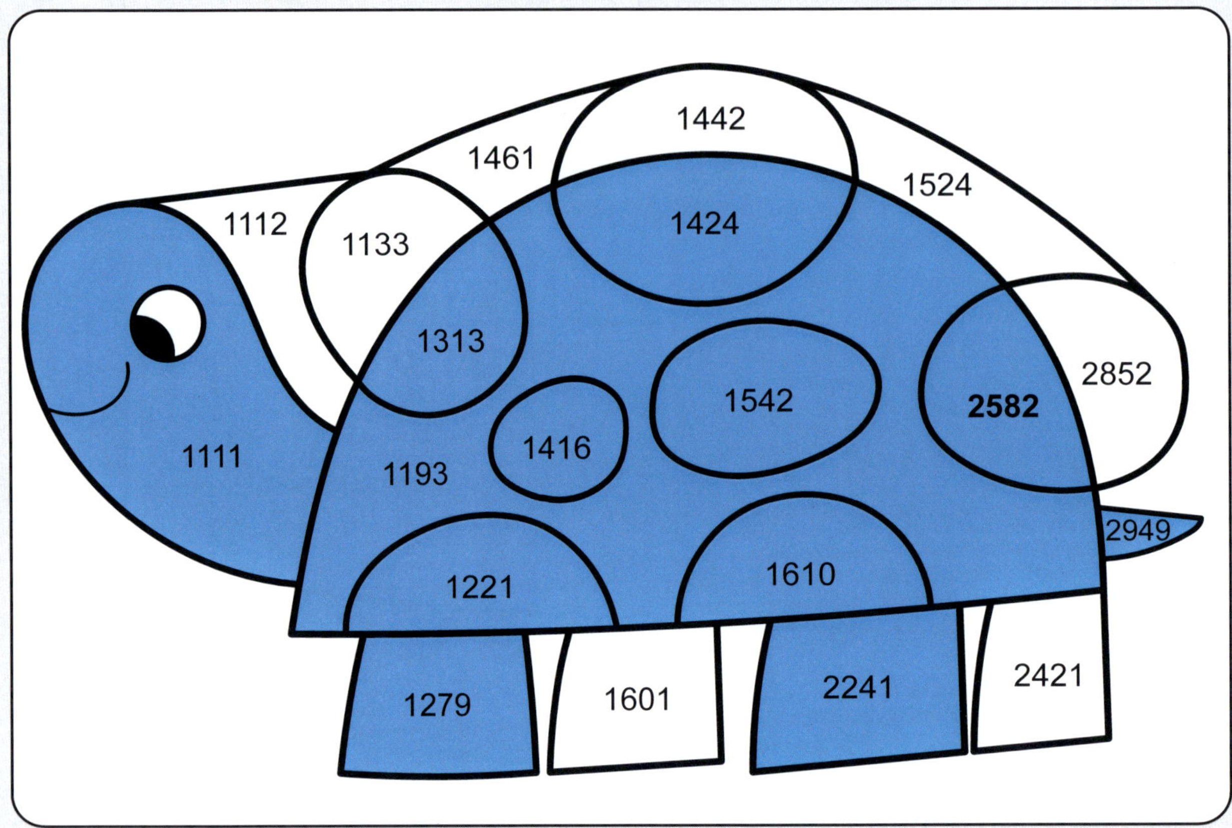

Aufgabe	Ergebnis
7746 : 3 =	**2582**
9191 : 7 =	**1313**
8964 : 4 =	**2241**
8050 : 5 =	**1610**
9544 : 8 =	**1193**
8544 : 6 =	**1424**

Aufgabe	Ergebnis
7674 : 6 =	**1279**
8847 : 3 =	**2949**
8547 : 7 =	**1221**
6168 : 4 =	**1542**
9999 : 9 =	**1111**
7080 : 5 =	**1416**

Division schriftlich (1. Ziffer passt nicht)

So geht's: Rechne aus und male alle Felder mit den Ergebniszahlen mit einer Farbe aus.

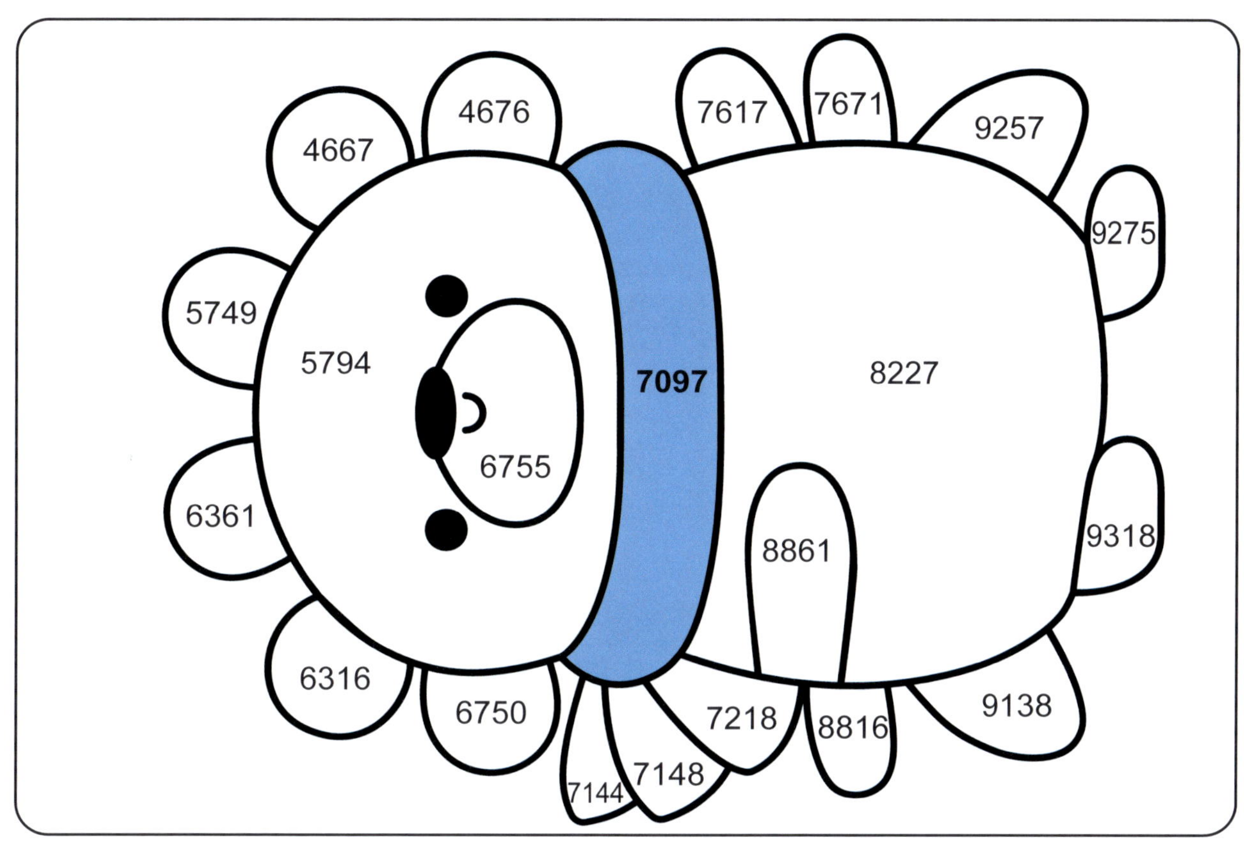

Aufgabe	Ergebnis
49.679 : 7 =	**7097**
46.375 : 5 =	
37.336 : 8 =	
50.528 : 8 =	
43.308 : 6 =	
50.036 : 7 =	

Aufgabe	Ergebnis
40.530 : 6 =	
35.444 : 4 =	
68.553 : 9 =	
24.681 : 3 =	
27.954 : 3 =	
40.558 : 7 =	

AUSMALEN

MATHE-TRAINING ... zur Wiederholung & Festigung / Klasse 5 – Bestell-Nr. 13 025

Division schriftlich (1. Ziffer passt nicht)

32*

– LÖSUNG –

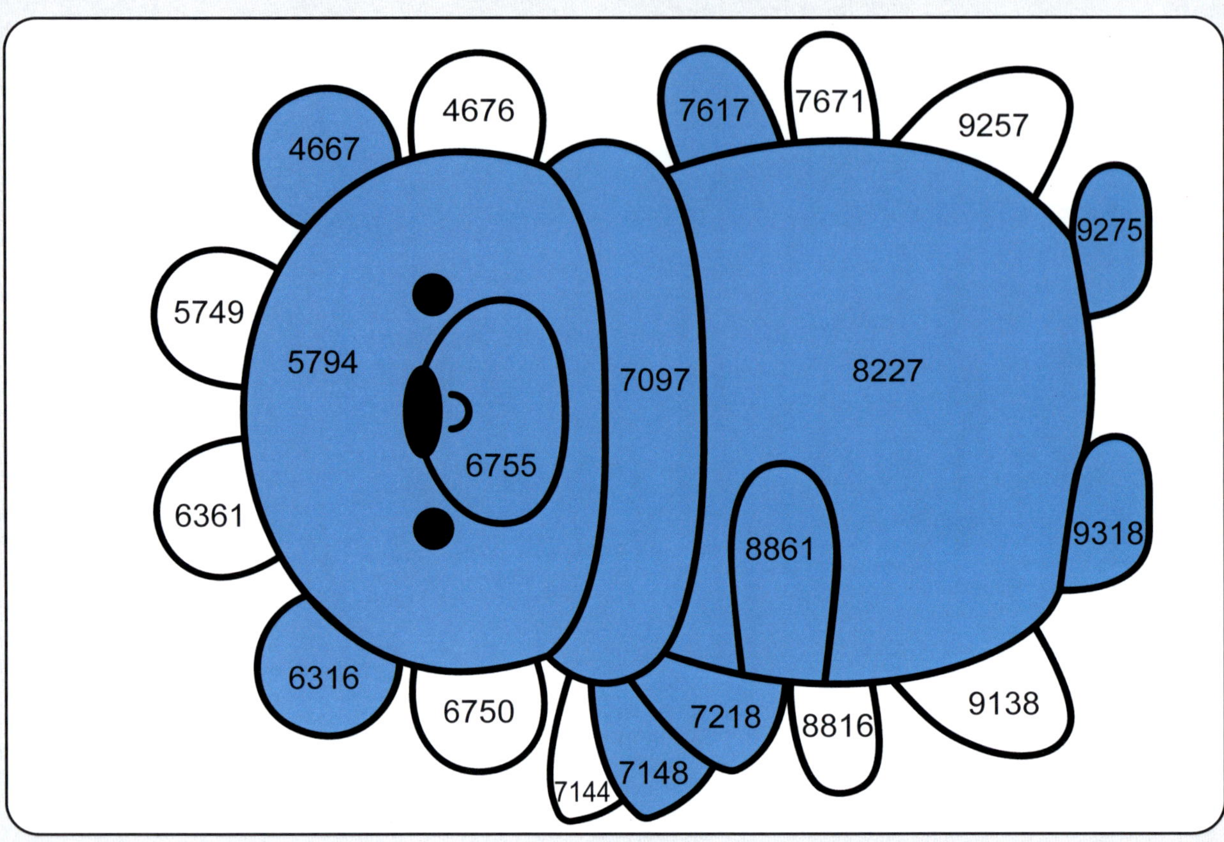

Aufgabe	Ergebnis	Aufgabe	Ergebnis
49.679 : 7 =	**7097**	40.530 : 6 =	**6755**
46.375 : 5 =	**9275**	35.444 : 4 =	**8861**
37.336 : 8 =	**4667**	68.553 : 9 =	**7617**
50.528 : 8 =	**6316**	24.681 : 3 =	**8227**
43.308 : 6 =	**7218**	27.954 : 3 =	**9318**
50.036 : 7 =	**7148**	40.558 : 7 =	**5794**

AUSMALEN

Division schriftlich (Ziffer 0 im Ergebnis)

33**

So geht's: Rechne aus und male alle Felder mit den Ergebniszahlen mit einer Farbe aus.

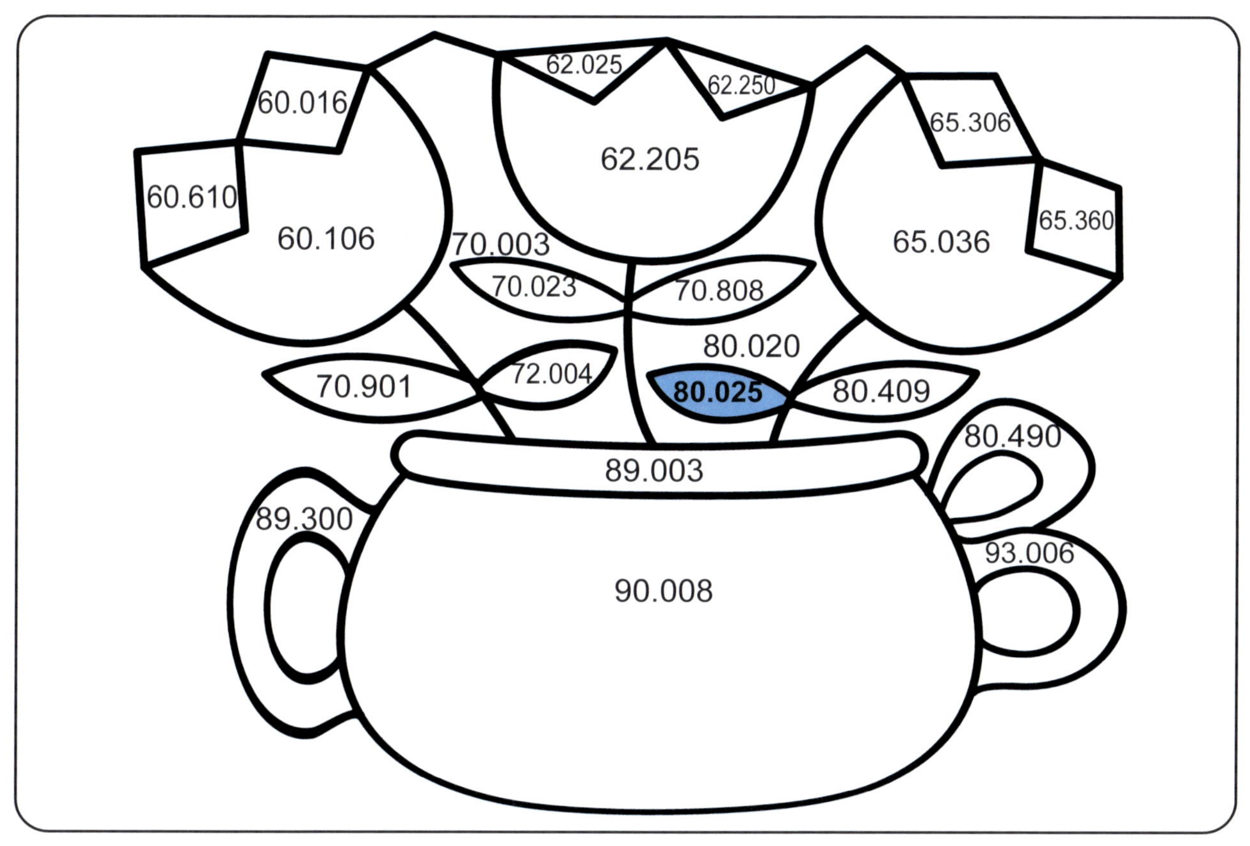

Aufgabe	Ergebnis
320.100 : 4 =	**80.025**
480.848 : 8 =	
482.454 : 6 =	
559.845 : 9 =	
283.604 : 4 =	
325.180 : 5 =	

Aufgabe	Ergebnis
490.161 : 7 =	
648.036 : 9 =	
637.272 : 9 =	
279.018 : 3 =	
630.056 : 7 =	
623.021 : 7 =	

AUSMALEN

KOHL VERLAG Lernen mit Erfolg
MATHE-TRAINING ... zur Wiederholung & Festigung / Klasse 5 – Bestell-Nr. 13 025

– LÖSUNG –

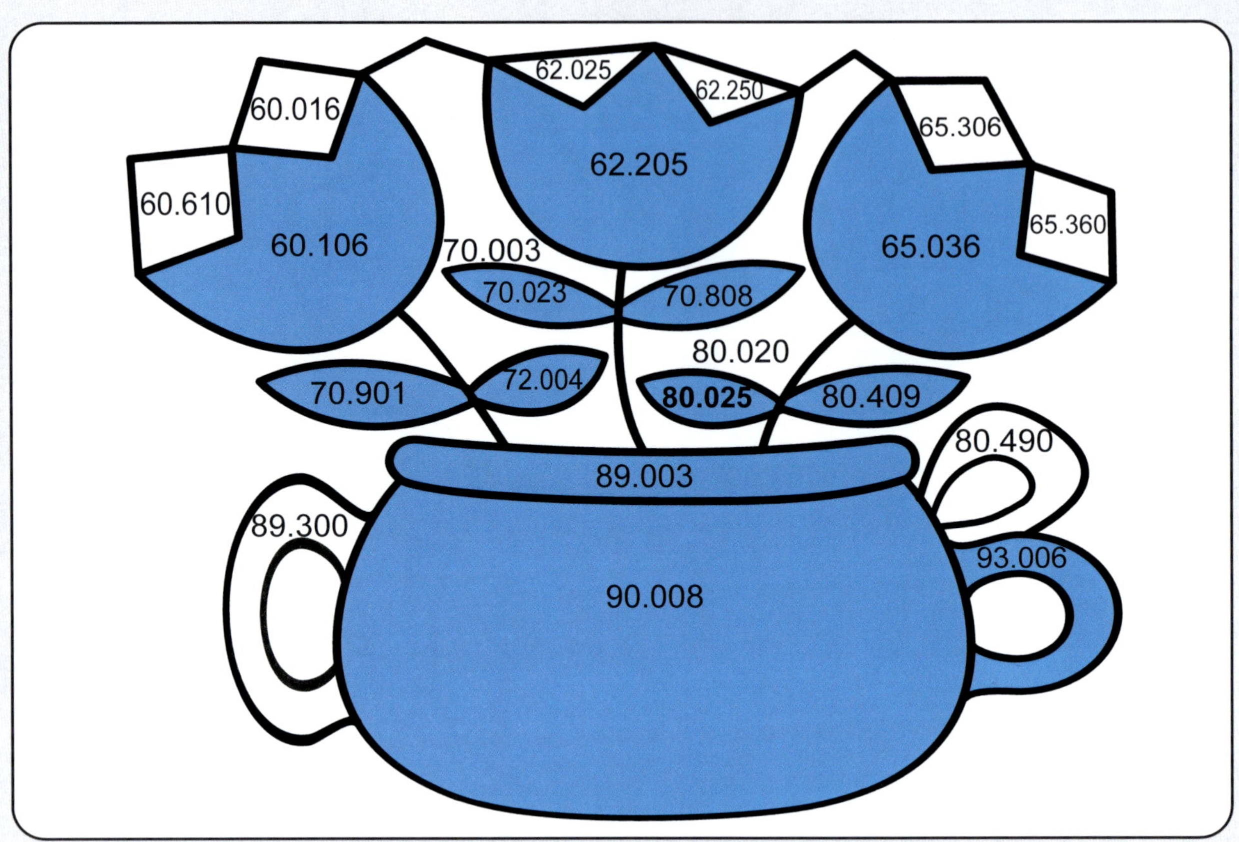

Aufgabe	Ergebnis
320.100 : 4 =	**80.025**
480.848 : 8 =	**60.106**
482.454 : 6 =	**80.409**
559.845 : 9 =	**62.205**
283.604 : 4 =	**70.901**
325.180 : 5 =	**65.036**

Aufgabe	Ergebnis
490.161 : 7 =	**70.023**
648.036 : 9 =	**72.004**
637.272 : 9 =	**70.808**
279.018 : 3 =	**93.006**
630.056 : 7 =	**90.008**
623.021 : 7 =	**89.003**

Geld: €, ct umrechnen

So geht's: Wandle um und ordne aus dem Schlüssel die richtigen Buchstaben zu. Du erhältst einen Lösungssatz.

Aufgabe	Ergebnis	Text
17 € =	**1700 ct**	Am
6 € =	ct	
170 € =	ct	
20 € =	ct	
2 € =	ct	
60 € =	ct	
100 ct =	€	
10.000 ct =	€	
1000 ct =	€	
1300 ct =	€	
13.000 ct =	€	

Aufgabe	Ergebnis	Text
1 € 50 ct =	**1,50 €**	es
10 € 5 ct =	€	
15 € 1 ct =	€	
15 € 10 ct =	€	
1 € 15 ct =	€	
1550 ct =	€	
15.500 ct =	€	
505 ct =	€	
5005 ct =	€	
5050 ct =	€	
550 ct =	€	

Schlüssel:

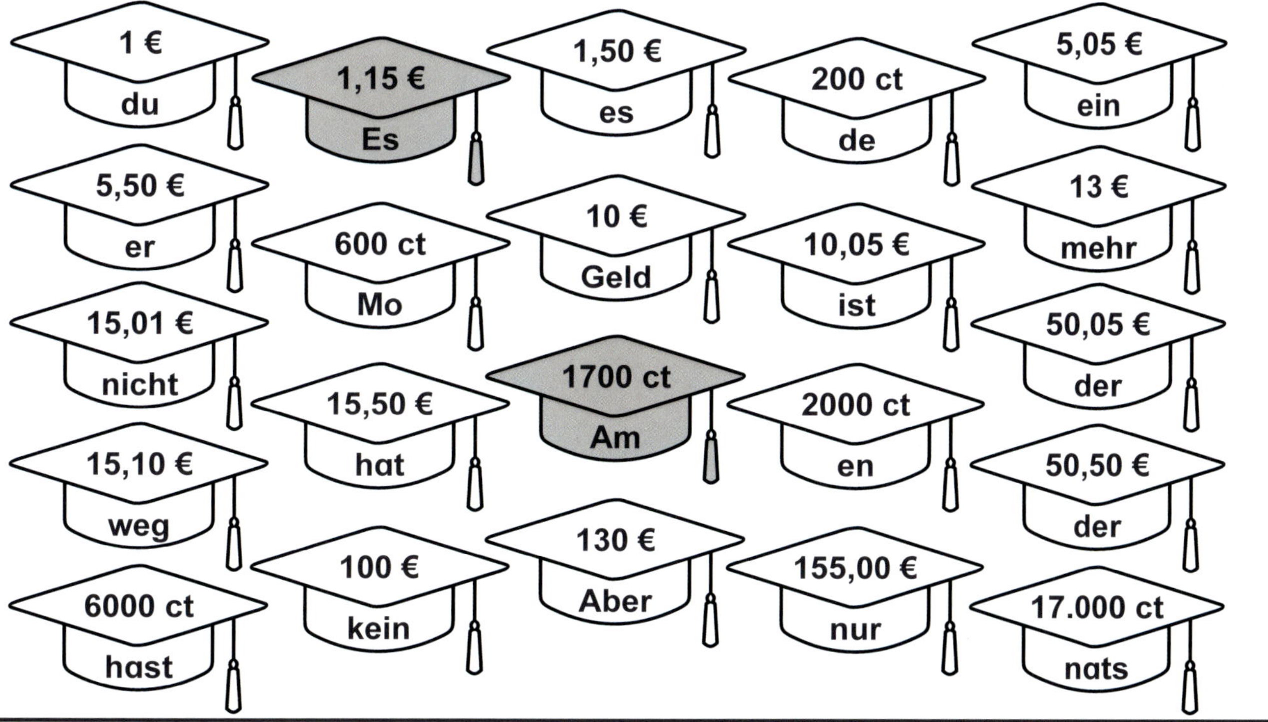

Lösungssatz:

Am ______-______-______-______ ______ ______ ______ ______ ______.

______ ______ ______ ______ ______.

______ ______ ______ ______ ______-______-______.

GEHEIMSCHRIFT

KOHL VERLAG
MATHE-TRAINING
... zur Wiederholung & Festigung / Klasse 5 – Bestell-Nr. 13 025

– LÖSUNG –

Aufgabe	Ergebnis	Text
17 € =	**1700 ct**	**Am**
6 € =	**600 ct**	**Mo**
170 € =	**17.000 ct**	**nats**
20 € =	**2000 ct**	**en**
2 € =	**200 ct**	**de**
60 € =	**6000 ct**	**hast**
100 ct =	**1 €**	**du**
10.000 ct =	**100 €**	**kein**
1000 ct =	**10 €**	**Geld**
1300 ct =	**13 €**	**mehr**
13.000 ct =	**130 €**	**Aber**

Aufgabe	Ergebnis	Text
1 € 50 ct =	**1,50 €**	**es**
10 € 5 ct =	**10,05 €**	**ist**
15 € 1 ct =	**15,01 €**	**nicht**
15 € 10 ct =	**15,10 €**	**weg**
1 € 15 ct =	**1,15 €**	**Es**
1550 ct =	**15,50 €**	**hat**
15.500 ct =	**155,00 €**	**nur**
505 ct =	**5,05 €**	**ein**
5005 ct =	**50,05 €**	**an**
5050 ct =	**50,50 €**	**der**
550 ct =	**5,50 €**	**er**

Lösungssatz:
Am Monatsende hast du kein Geld mehr. Aber es ist nicht weg. Es hat nur ein anderer.

GEHEIMSCHRIFT

Geld: Plus- und Minus-Aufgaben

So geht's: Rechne aus und schreibe das Ergebnis in € mit Komma. Ordne dann aus dem Schlüssel die richtigen Buchstaben zu. Du erhältst einen Lösungssatz.

Aufgabe	Ergebnis	Text
5,10 € + 22,40 € =	**27,50 €**	Geld
3,26 € + 6,50 € =	€	
17,08 € + 4,11 € =	€	
9,30 € + 7,75 € =	€	
0,99 € + 10,59 € =	€	
4 € 15 ct + 8,40 € =	€	
65 ct + 9,25 € =	€	
18 € 20 ct + 310 ct =	€	
11 € 5 ct + 9,99 € =	€	
1100 ct + 1010 ct =	€	

Aufgabe	Ergebnis	Text
18,40 € – 5,30 € =	€	
15,64 € – 4,24 € =	€	
21,21 € – 5,11 € =	€	
19,36 € – 4,40 € =	€	
20,17 € – 5,18 € =	€	
10 € 40 ct – 1,20 € =	€	
20 € 31 ct – 1,20 € =	€	
825 ct – 2,10 € =	€	
2000 ct – 9,99 € =	€	
1515 ct – 151 ct =	€	

Schlüssel:

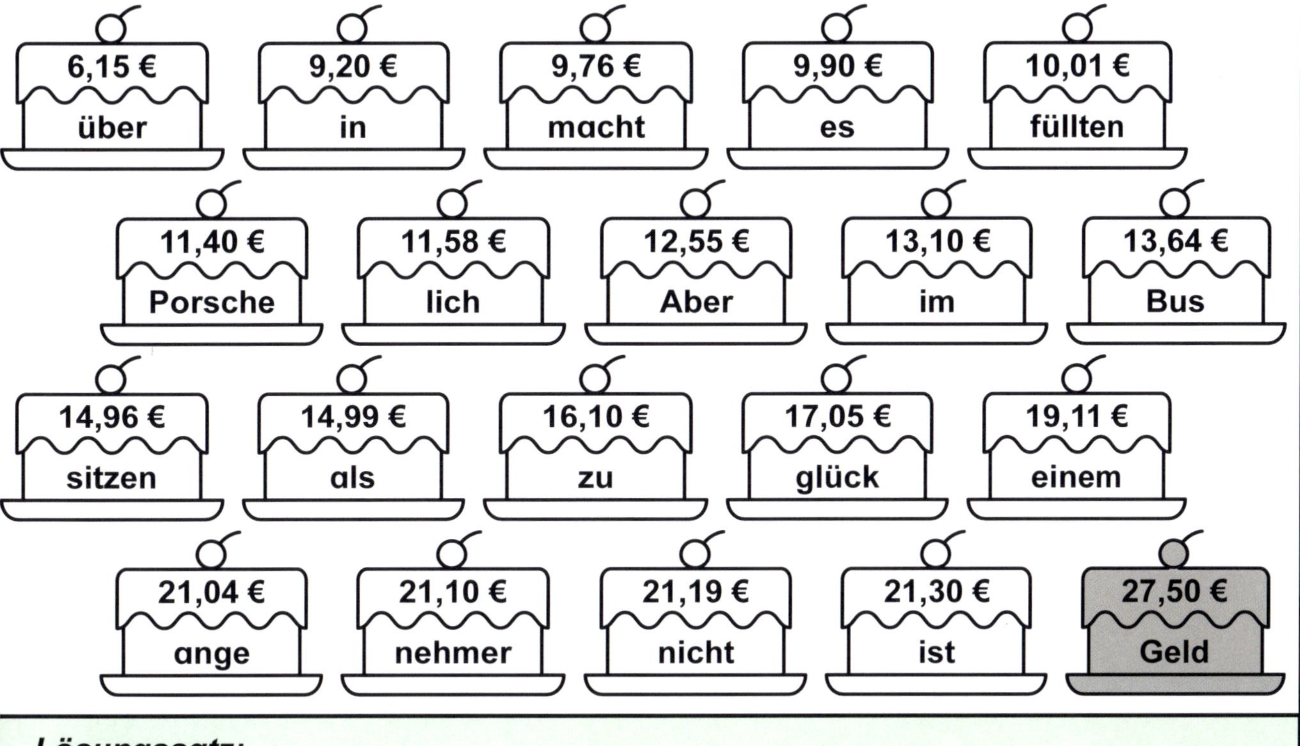

Lösungssatz:

Geld ____ ____ ____–____. ____ ____ ____

____–____, ____ ____ ____ ____ ____ ____

____ ____–____ ____.

GEHEIMSCHRIFT

MATHE-TRAINING
... zur Wiederholung & Festigung / Klasse 5 – Bestell-Nr. 13 025

– LÖSUNG –

Aufgabe	Ergebnis	Text
5,10 € + 22,40 € =	**27,50 €**	**Geld**
3,26 € + 6,50 € =	**9,76 €**	**macht**
17,08 € + 4,11 € =	**21,19 €**	**nicht**
9,30 € + 7,75 € =	**17,05 €**	**glück**
0,99 € + 10,59 € =	**11,58 €**	**lich**
4 € 15 ct + 8,40 € =	**12,55 €**	**Aber**
65 ct + 9,25 € =	**9,90 €**	**es**
18 € 20 ct + 310 ct =	**21,30 €**	**ist**
11 € 5 ct + 9,99 € =	**21,04 €**	**ange**
1100 ct + 1010 ct =	**21,10 €**	**nehmer**

Aufgabe	Ergebnis	Text
18,40 € – 5,30 € =	**13,10 €**	**im**
15,64 € – 4,24 € =	**11,40 €**	**Porsche**
21,21 € – 5,11 € =	**16,10 €**	**zu**
19,36 € – 4,40 € =	**14,96 €**	**sitzen**
20,17 € – 5,18 € =	**14,99 €**	**als**
10 € 40 ct – 1,20 € =	**9,20 €**	**in**
20 € 31 ct – 1,20 € =	**19,11 €**	**einem**
825 ct – 2,10 € =	**6,15 €**	**über**
2000 ct – 9,99 € =	**10,01 €**	**füllten**
1515 ct – 151 ct =	**13,64 €**	**Bus**

Lösungssatz:

Geld macht nicht glücklich. Aber es ist angenehmer, im Porsche zu sitzen als in einem überfüllten Bus.

Geld: Ergänzen

36**

So geht's: Ergänze! Wie viel fehlt bis zum gegebenen Betrag? Ordne dann aus dem Schlüssel die richtigen Buchstaben zu. Du erhältst einen Lösungssatz.

Gegeben	Ergänze	Ergebnis	Text
3,70 € +	**6,30 €**	= 10 €	Ge
6,20 € +	€	= 10 €	
16,30 € +	€	= 20 €	
13,60 € +	€	= 20 €	
26,40 € +	€	= 30 €	
7 € 30 ct +	€	= 10 €	
27 € 35 ct +	€	= 30 €	
75 € 70 ct +	€	= 80 €	
70 € 75 ct +	€	= 80 €	
95 € 75 ct +	€	= 100 €	

Gegeben	Ergänze	Ergebnis	Text
3,70 € +	€	= 20 €	
3,70 € +	€	= 50 €	
3,70 € +	€	= 30 €	
54,70 € +	€	= 70 €	
62,70 € +	€	= 100 €	
54 € 99 ct +	€	= 60 €	
60 € 99 ct +	€	= 70 €	
60 € 5 ct +	€	= 70 €	
69 € 99 ct +	€	= 70 €	
90 € 1 ct +	€	= 100 €	

Schlüssel:

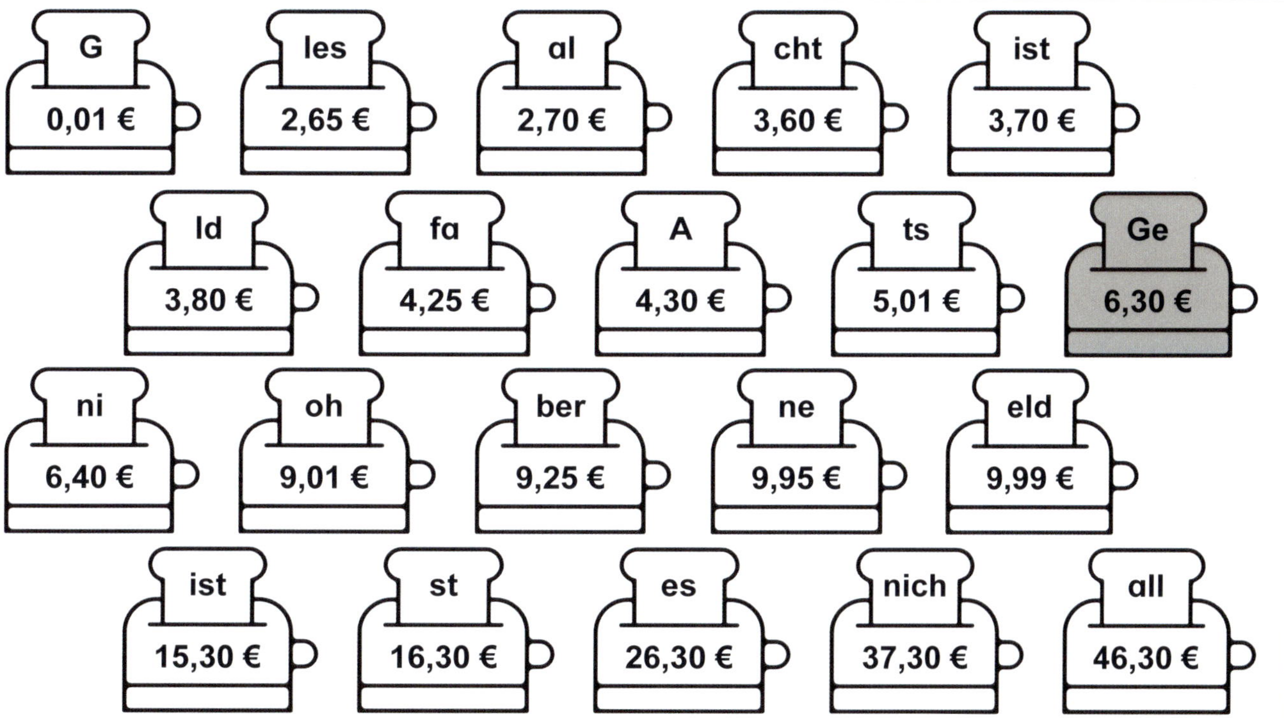

Lösungssatz:

Ge–___ ___ ___–_____ ___–_____.

___–_____ ___–___ ___–___ ___ _____–___ ___–___ ___–_____.

MATHE-TRAINING
... zur Wiederholung & Festigung / Klasse 5 – Bestell-Nr. 13 025

– LÖSUNG –

Gegeben	Ergänze	Ergebnis	Text
3,70 € +	**6,30 €**	= 10 €	**Ge**
6,20 € +	**3,80 €**	= 10 €	**ld**
16,30 € +	**3,70 €**	= 20 €	**ist**
13,60 € +	**6,40 €**	= 20 €	**ni**
26,40 € +	**3,60 €**	= 30 €	**cht**
7 € 30 ct +	**2,70 €**	= 10 €	**al**
27 € 35 ct +	**2,65 €**	= 30 €	**les**
75 € 70 ct +	**4,30 €**	= 80 €	**A**
70 € 75 ct +	**9,25 €**	= 80 €	**ber**
95 € 75 ct +	**4,25 €**	= 100 €	**fa**

Gegeben	Ergänze	Ergebnis	Text
3,70 € +	**16,30 €**	= 20 €	**st**
3,70 € +	**46,30 €**	= 50 €	**all**
3,70 € +	**26,30 €**	= 30 €	**es**
54,70 € +	**15,30 €**	= 70 €	**ist**
62,70 € +	**37,30 €**	= 100 €	**nich**
54 € 99 ct +	**5,01 €**	= 60 €	**ts**
60 € 99 ct +	**9,01 €**	= 70 €	**oh**
60 € 5 ct +	**9,95 €**	= 70 €	**ne**
69 € 99 ct +	**0,01 €**	= 70 €	**G**
90 € 1 ct +	**9,99 €**	= 100 €	**eld**

Lösungssatz:

Geld ist nicht alles. Aber fast alles ist nichts ohne Geld.

Längen (m, cm, mm) umrechnen

So geht's: Wandle um und male die Felder mit den Ergebnissen mit einer Farbe aus.

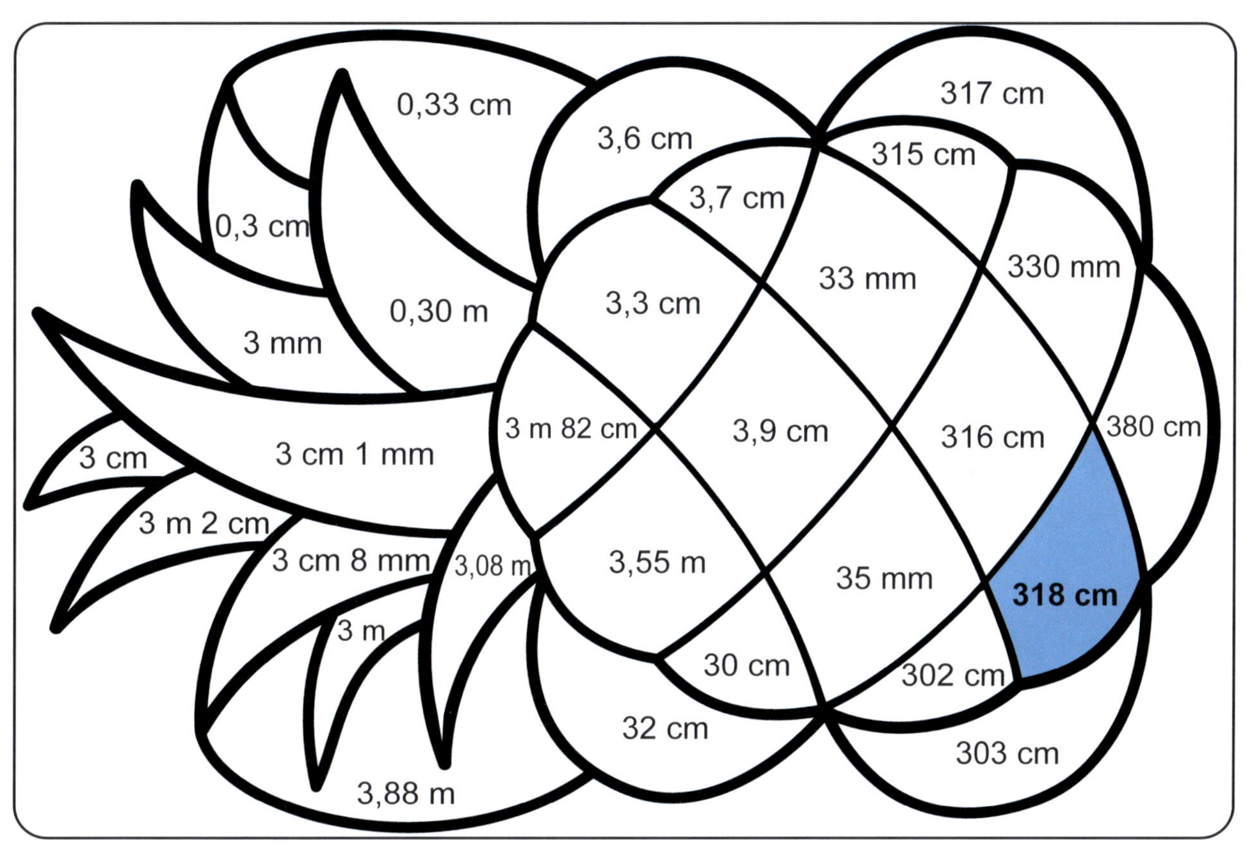

Aufgabe	Ergebnis
3,18 m =	**318 cm**
3,02 m =	___ m ____ cm
3 m 15 cm =	_______ cm
3,80 m =	_______ cm
355 cm =	_______ m
3 m 2 cm =	_______ cm
308 cm =	_______ m
382 cm =	___ m ____ cm
3 m 16 cm =	_______ cm
30 cm =	_______ m

Aufgabe	Ergebnis
37 mm =	_______ cm
3,3 cm =	_______ mm
3 cm 3 mm =	_______ cm
0,3 cm =	_______ mm
300 mm =	_______ cm
3,5 cm =	_______ mm
38 mm =	___ cm ____ mm
3,1 cm =	___ cm ____ mm
3 cm 9 mm =	_______ cm
33 cm =	_______ mm

AUSMALEN

KOHL VERLAG Lernen mit Erfolg
MATHE-TRAINING ... zur Wiederholung & Festigung / Klasse 5 – Bestell-Nr. 13 025

– LÖSUNG –

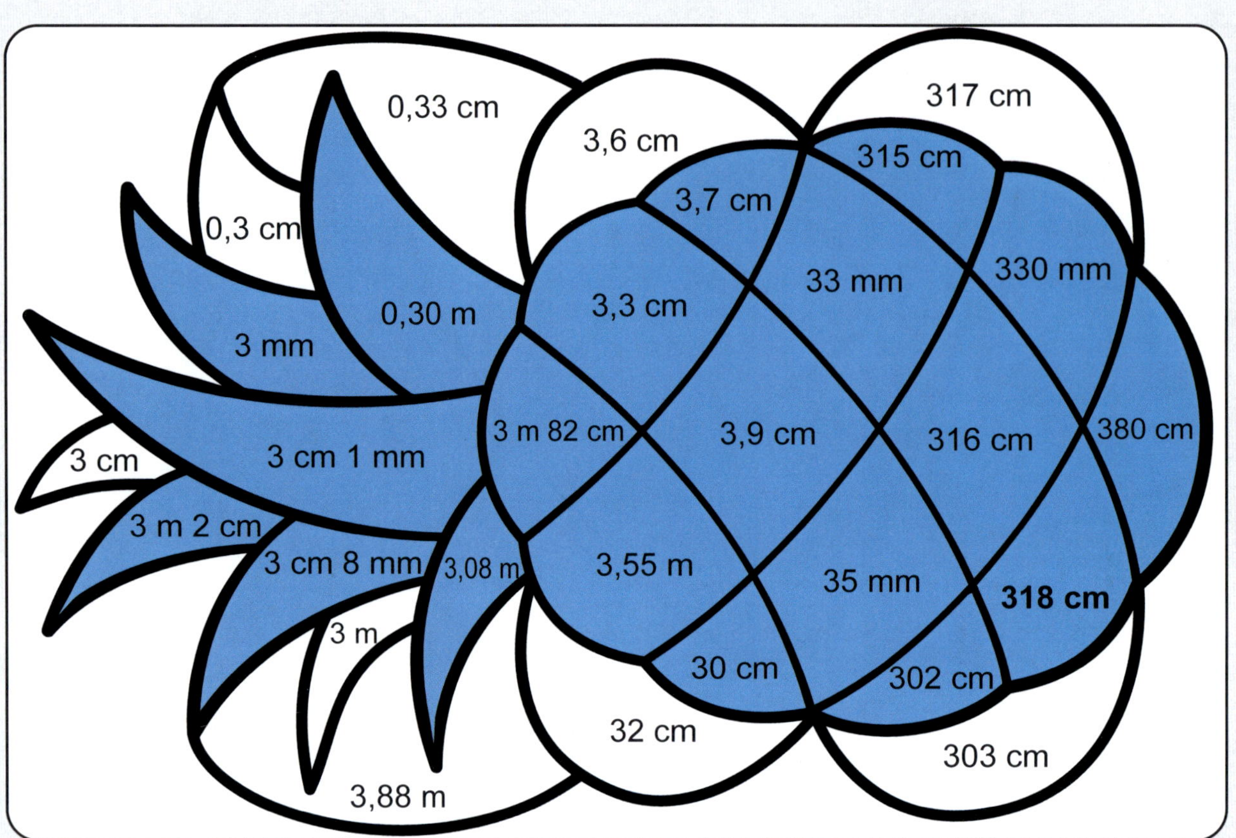

Aufgabe	Ergebnis
3,18 m =	**318 cm**
3,02 m =	**3 m 2 cm**
3 m 15 cm =	**315 cm**
3,80 m =	**380 cm**
355 cm =	**3,55 m**
3 m 2 cm =	**302 cm**
308 cm =	**3,08 m**
382 cm =	**3 m 82 cm**
3 m 16 cm =	**316 cm**
30 cm =	**0,30 m**

Aufgabe	Ergebnis
37 mm =	**3,7 cm**
3,3 cm =	**33 mm**
3 cm 3 mm =	**3,3 cm**
0,3 cm =	**3 mm**
300 mm =	**30 cm**
3,5 cm =	**35 mm**
38 mm =	**3 cm 8 mm**
3,1 cm =	**3 cm 1 mm**
3 cm 9 mm =	**3,9 cm**
33 cm =	**330 mm**

Längen (Plus- und Minusaufgaben)

So geht's: Rechne aus und male die Felder mit den Ergebnissen mit einer Farbe aus.

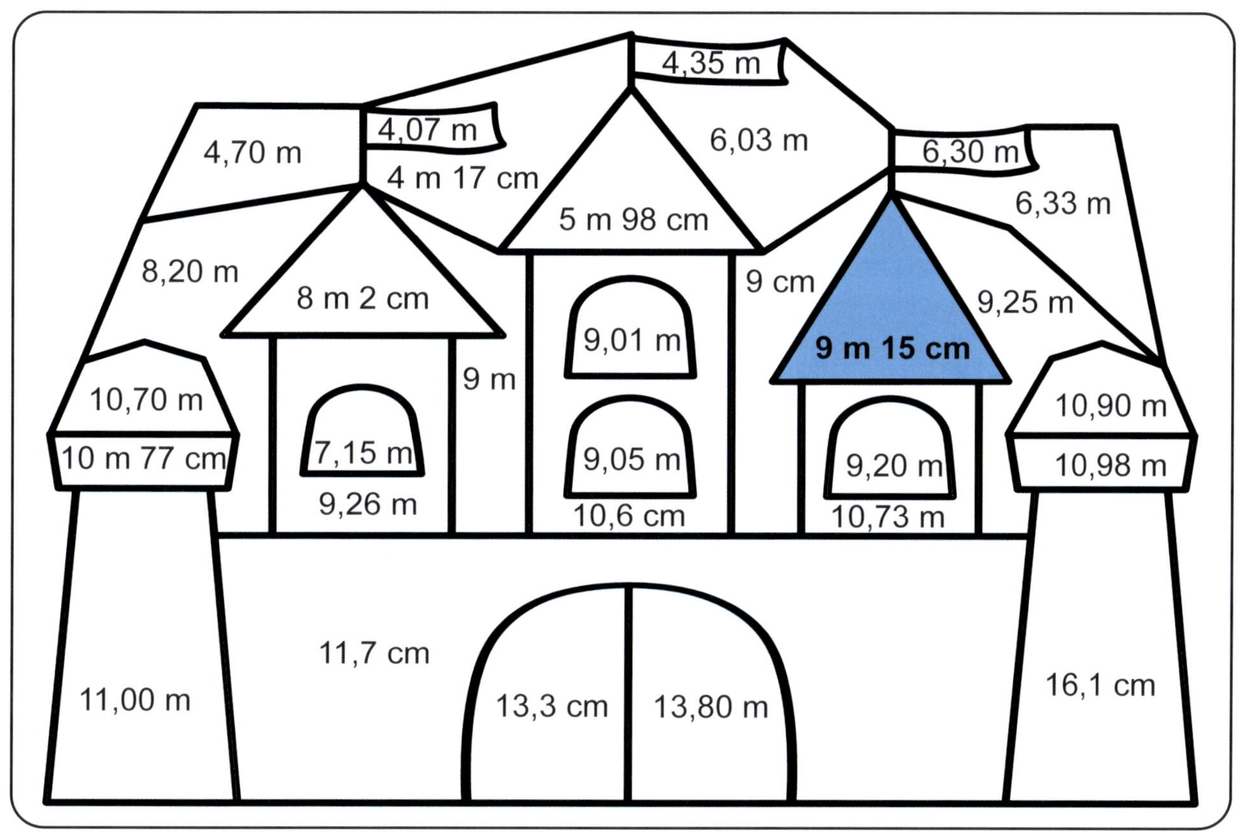

Aufgabe	Ergebnis
6 m 7 cm + 3 m 8 cm =	**9 m 15 cm**
3 m 4 cm + 4,11 m =	________ m
4 m 95 cm + 3 m 7 cm =	___ m ____ cm
7 m 3 cm + 3,70 m =	________ m
7 cm 3 mm + 88 mm =	________ cm
3,8 m + 2,5 m =	________ m
5,82 m + 3,44 m =	________ m
6,05 m + 3 m 15 cm =	________ m
5,50 m + 8 m 30 cm =	________ m
5 cm 3 mm + 64 mm =	________ cm

Aufgabe	Ergebnis
15 m 8 cm – 9 m 10 cm =	___ m ____ cm
18 m 85 cm – 8 m 8 cm =	___ m ____ cm
13 m 12 cm – 4,11 m =	________ m
16 m 6 cm – 5,06 m =	________ m
20 cm 8 mm – 75 mm =	________ cm
16,22 m – 12,15 m =	________ m
12,4 m – 8,05 m =	________ m
15,08 m – 4 m 10 cm =	________ m
13,25 m – 4 m 20 cm =	________ m
15 cm 1 mm – 45 mm =	________ cm

MATHE-TRAINING ... zur Wiederholung & Festigung / Klasse 5 – Bestell-Nr. 13 025
KOHL VERLAG

– LÖSUNG –

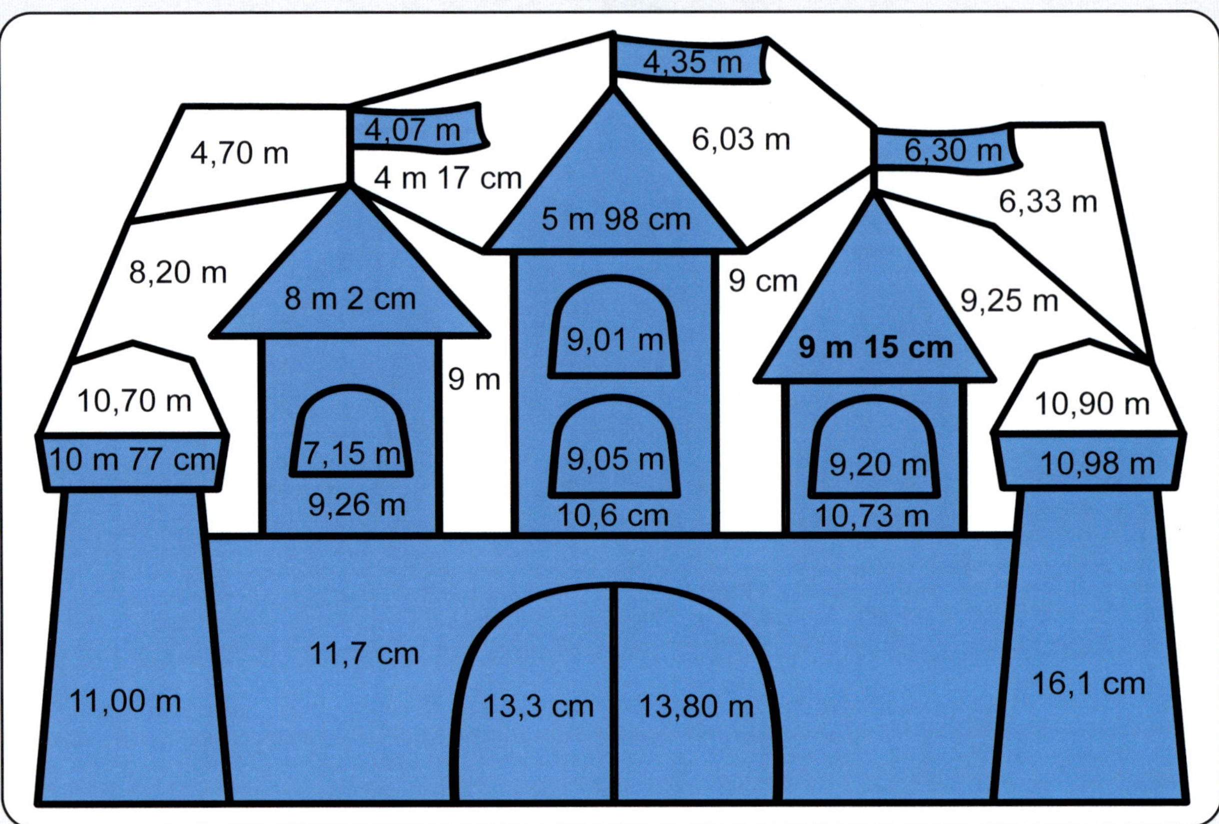

Aufgabe	Ergebnis	Aufgabe	Ergebnis
6 m 7 cm + 3 m 8 cm =	**9 m 15 cm**	15 m 8 cm – 9 m 10 cm =	**5 m 98 cm**
3 m 4 cm + 4,11 m =	**7,15 m**	18 m 85 cm – 8 m 8 cm =	**10 m 77 cm**
4 m 95 cm + 3 m 7 cm =	**8 m 2 cm**	13 m 12 cm – 4,11 m =	**9,01 m**
7 m 3 cm + 3,70 m =	**10,73 m**	16 m 6 cm – 5,06 m =	**11,00 m**
7 cm 3 mm + 88 mm =	**16,1 cm**	20 cm 8 mm – 75 mm =	**13,3 cm**
3,8 m + 2,5 m =	**6,30 m**	16,22 m – 12,15 m =	**4,07 m**
5,82 m + 3,44 m =	**9,26 m**	12,4 m – 8,05 m =	**4,35 m**
6,05 m + 3 m 15 cm =	**9,20 m**	15,08 m – 4 m 10 cm =	**10,98 m**
5,50 m + 8 m 30 cm =	**13,80 m**	13,25 m – 4 m 20 cm =	**9,05 m**
5 cm 3 mm + 64 mm =	**11,7 cm**	15 cm 1 mm – 45 mm =	**10,6 cm**

AUSMALEN

Längen (Plus- und Minusaufgaben)

So geht's: Rechne aus und male die Felder mit den Ergebnissen mit einer Farbe aus.

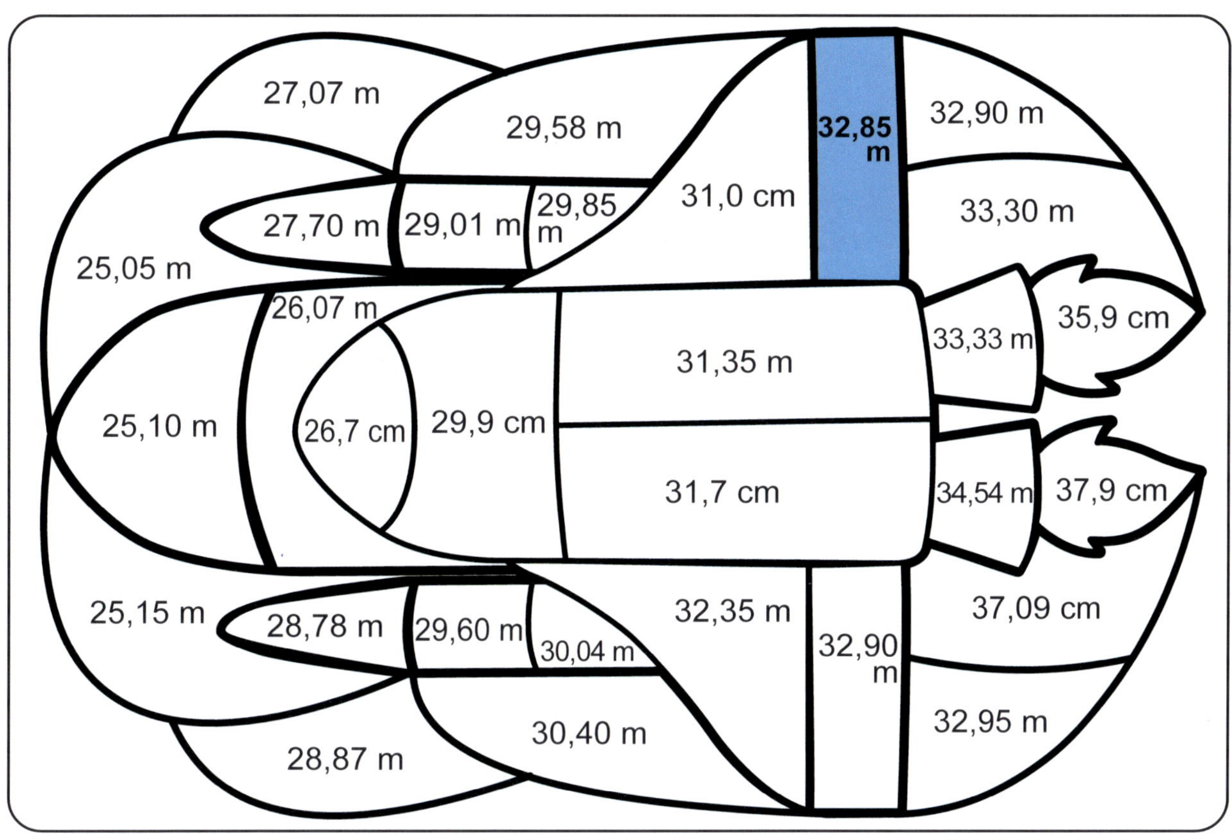

Aufgabe	Ergebnis
25,80 m + 7 m 5 cm =	**32,85 m**
14,05 m + 15 m 99 cm =	________ m
17 m 95 cm + 1340 cm =	________ m
1575 cm + 9 m 35 cm =	________ m
205 cm + 26,96 m =	________ m
1009 cm + 15,98 m =	________ m
2015 cm + 13,18 m =	________ m
108 mm + 15,9 cm =	________ cm
128 mm + 18,9 cm =	________ cm
14 mm + 29,6 mm =	________ cm

Aufgabe	Ergebnis
47 m 3 cm – 18,25 m =	________ m
45,05 m – 12 m 70 cm =	________ m
38 m 25 cm – 535 cm =	________ m
33,5 m – 580 cm =	________ m
40 m 4 cm – 5,50 m =	________ m
53,5 cm – 156 mm =	________ cm
48,4 cm – 12 cm 5 mm =	________ cm
386 mm – 8 cm 7 mm =	________ cm
42,40 m – 12 m 55 cm =	________ m
41,04 m – 11 m 44 cm =	________ m

KOHL VERLAG Lernen mit Erfolg
MATHE-TRAINING ... zur Wiederholung & Festigung / Klasse 5 – Bestell-Nr. 13 025

– LÖSUNG –

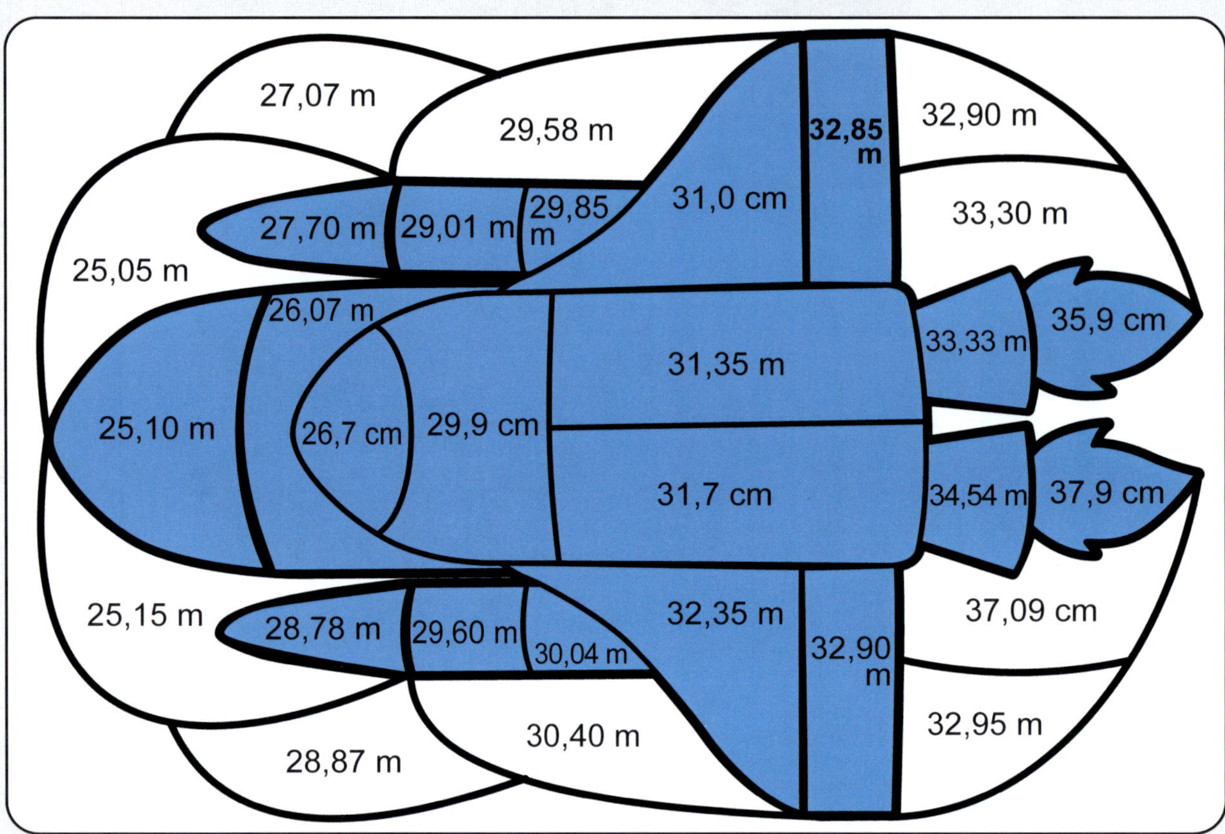

Aufgabe	Ergebnis	Aufgabe	Ergebnis
25,80 m + 7 m 5 cm =	**32,85 m**	47 m 3 cm – 18,25 m =	**28,78 m**
14,05 m + 15 m 99 cm =	**30,04 m**	45,05 m – 12 m 70 cm =	**32,35 m**
17 m 95 cm + 1340 cm =	**31,35 m**	38 m 25 cm – 535 cm =	**32,90 m**
1575 cm + 9 m 35 cm =	**25,10 m**	33,5 m – 580 cm =	**27,70 m**
205 cm + 26,96 m =	**29,01 m**	40 m 4 cm – 5,50 m =	**34,54 m**
1009 cm + 15,98 m =	**26,07 m**	53,5 cm – 156 mm =	**37,9 cm**
2015 cm + 13,18 m =	**33,33 m**	48,4 cm – 12 cm 5 mm =	**35,9 cm**
108 mm + 15,9 cm =	**26,7 cm**	386 mm – 8 cm 7 mm =	**29,9 cm**
128 mm + 18,9 cm =	**31,7 cm**	42,40 m – 12 m 55 cm =	**29,85 m**
14 mm + 29,6 mm =	**31,0 cm**	41,04 m – 11 m 44 cm =	**29,60 m**

AUSMALEN

So geht's: Rechne um, schneide die Puzzleteile aus und lege sie passend auf.

Puzzleteile:

Spielplan:

5,200 kg = ________ g	5,020 kg = ________ g	5,002 kg = ________ g	50,200 kg = ________ g	0,520 kg = ________ g
5 kg 350 g = ________ g	0 kg 535 g = ________ g	5 kg 35 g = ________ g	5 kg 305 g = ________ g	53 kg 500 g = ________ g
5520 g = ________ kg	5052 g = ________ kg	552 g = ________ kg	5502 g = ________ kg	55.200 g = ________ kg
5,005 kg = __ kg _____ g	5,500 kg = __ kg _____ g	5,050 kg = __ kg _____ g	0,550 kg = __ kg _____ g	0,055 kg = __ kg _____ g

PUZZLE

MATHE-TRAINING ... zur Wiederholung & Festigung / Klasse 5 – Bestell-Nr. 13 025

– LÖSUNG –

Puzzleteile:

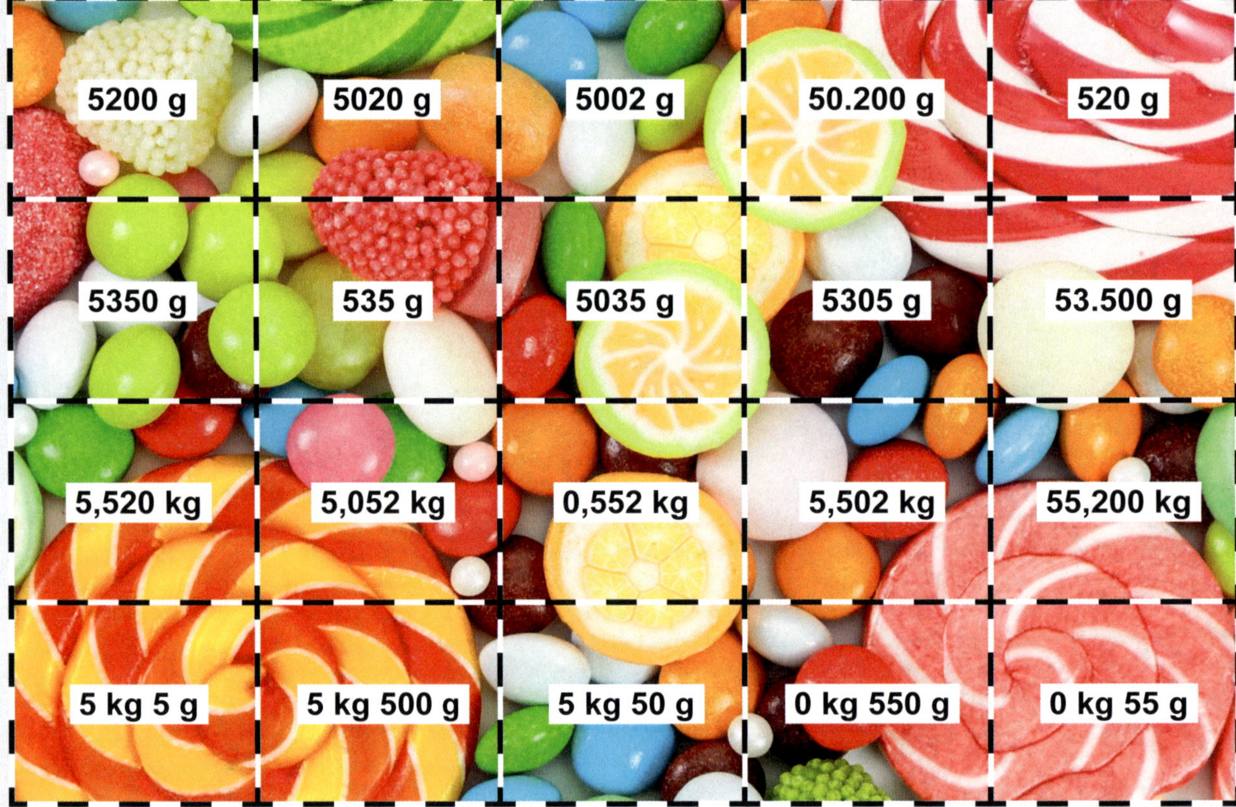

Spielplan:

5,200 kg = 5200 g	5,020 kg = 5020 g	5,002 kg = 5002 g	50,200 kg = 50.200 g	0,520 kg = 520 g
5 kg 350 g = 5350 g	0 kg 535 g = 535 g	5 kg 35 g = 5035 g	5 kg 305 g = 5305 g	53 kg 500 g = 53.500 g
5520 g = 5,520 kg	5052 g = 5,052 kg	552 g = 0,552 kg	5502 g = 5,502 kg	55.200 g = 55,200 kg
5,005 kg = 5 kg 5 g	5,500 kg = 5 kg 500 g	5,050 kg = 5 kg 50 g	0,550 kg = 0 kg 550 g	0,055 kg = 0 kg 55 g

So geht's: Rechne aus, schneide die Puzzleteile aus und lege sie passend auf.

Puzzleteile:

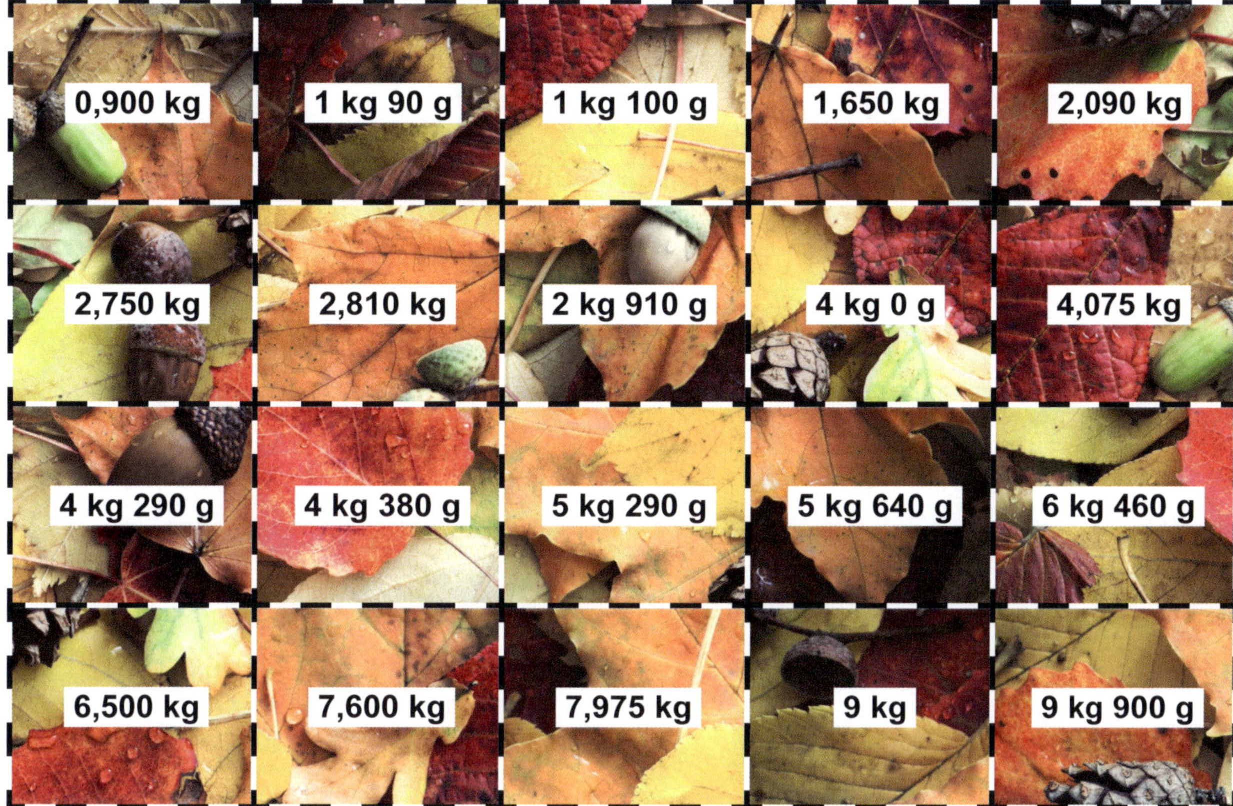

Spielplan:

6,350 kg + 2,650 kg = ________ kg	6,125 kg + 1,850 kg = ________ kg	4,350 kg + 3,250 kg = ________ kg	0,425 kg + 3,650 kg = ________ kg	0,150 kg + 0,750 kg = ________ kg
4 kg 350 g + 5 kg 550 g = __ kg _____ g	4 kg 350 g + 940 g = __ kg _____ g	450 g + 3 kg 550 g = __ kg _____ g	550 g + 550 g = __ kg _____ g	940 g + 3 kg 350 g = __ kg _____ g
9,550 kg – 7,460 kg = ________ kg	7,250 kg – 4,500 kg = ________ kg	7,250 kg – 0,750 kg = ________ kg	7,460 kg – 4,650 kg = ________ kg	2,400 kg – 0,750 kg = ________ kg
7 kg 550 g – 6 kg 460 g = __ kg _____ g	7 kg 550 g – 1 kg 90 g = __ kg _____ g	7 kg 460 g – 3 kg 80 g = __ kg _____ g	6 kg 460 g – 3 kg 550 g = __ kg _____ g	6 kg 550 g – 910 g = __ kg _____ g

PUZZLE

KOHL VERLAG Lernen mit Erfolg
MATHE-TRAINING ... zur Wiederholung & Festigung / Klasse 5 – Bestell-Nr. 13 025

– LÖSUNG –

Puzzleteile:

Spielplan:

6,350 kg + 2,650 kg = 9 kg	6,125 kg + 1,850 kg = 7,975 kg	4,350 kg + 3,250 kg = 7,600 kg	0,425 kg + 3,650 kg = 4,075 kg	0,150 kg + 0,750 kg = 0,900 kg
4 kg 350 g + 5 kg 550 g = 9 kg 900 g	4 kg 350 g + 940 g = 5 kg 290 g	450 g + 3 kg 550 g = 4 kg 0 g	550 g + 550 g = 1 kg 100 g	940 g + 3 kg 350 g = 4 kg 290 g
9,550 kg - 7,460 kg = 2,090 kg	7,250 kg - 4,500 kg = 2,750 kg	7,250 kg - 0,750 kg = 6,500 kg	7,460 kg - 4,650 kg = 2,810 kg	2,400 kg - 0,750 kg = 1,650 kg
7 kg 550 g - 6 kg 460 g = 1 kg 90 g	7 kg 550 g - 1 kg 90 g = 6 kg 460 g	7 kg 460 g - 3 kg 80 g = 4 kg 380 g	6 kg 460 g - 3 kg 550 g = 2 kg 910 g	6 kg 550 g - 910 g = 5 kg 640 g

Gewicht: Plus- und Minusaufgaben

So geht's: Rechne aus, schneide die Puzzleteile aus und lege sie passend auf. Alle Ergebnisse in kg!

Puzzleteile:

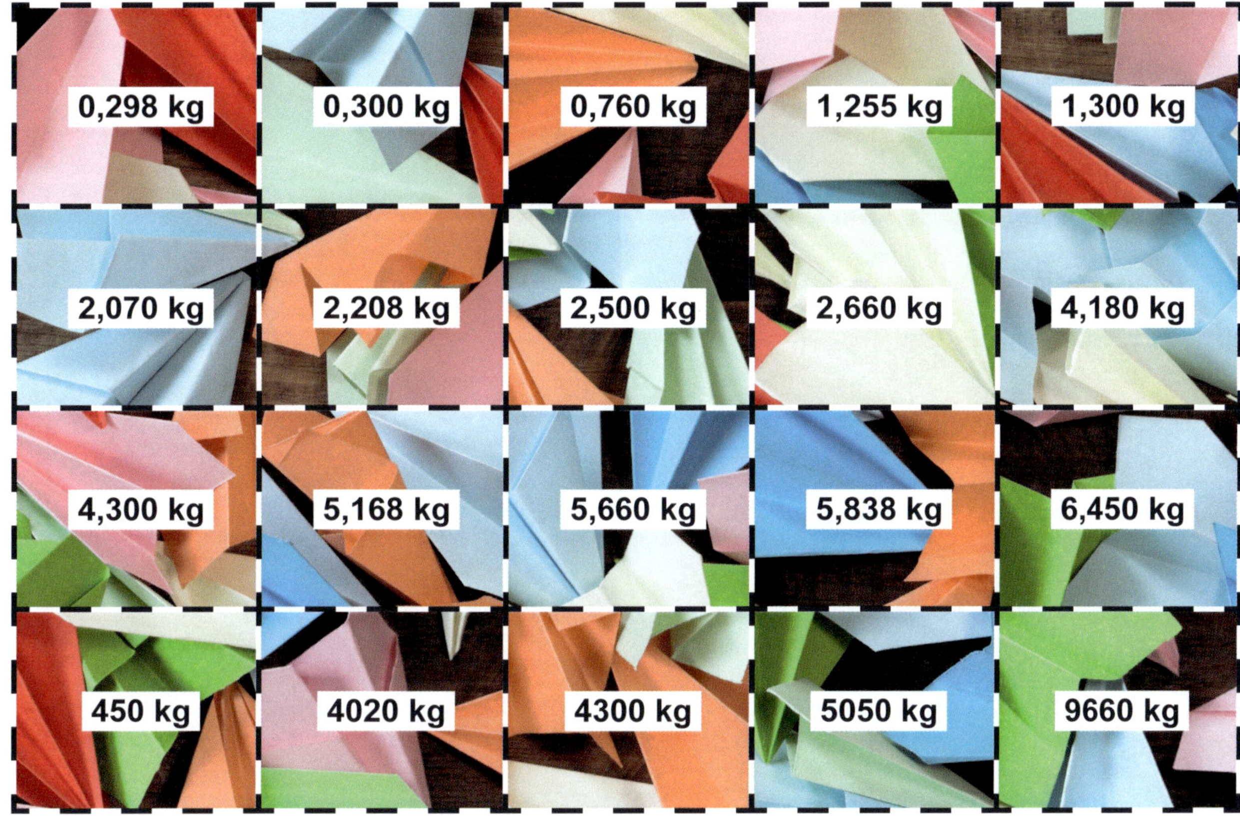

Spielplan:

4,380 kg + 2 kg 70 g = ________ kg	4,080 kg + 1 kg 88 g = ________ kg	0,380 kg + 3 kg 800 g = ________ kg	4 kg 830 g + 0,830 kg = ________ kg	3 t 30 kg + 0,990 t = ________ kg
4 t 300 kg + 750 kg = ________ kg	3800g + 2,038 kg = ________ kg	380 g + 0,380 kg = ________ kg	0,830 kg + 1830 g = ________ kg	4 t 830 kg + 4,830 t = ________ kg
6,450 kg – 4 kg 380 g = ________ kg	4,008 kg – 1 kg 800 g = ________ kg	0,900 kg – 602 g = ________ kg	1 t 100 kg – 650 kg = ________ kg	3 kg 250 g – 0,750 kg = ________ kg
2 kg 50 g – 1,750 kg = ________ kg	3050 g – 1,750 kg = ________ kg	2 kg 5 g – 0,750 g = ________ kg	6,050 kg – 1750 g = ________ kg	6,050 t – 1 t 750 kg = ________ kg

PUZZLE

KOHL VERLAG MATHE-TRAINING ... zur Wiederholung & Festigung / Klasse 5 – Bestell-Nr. 13 025

– LÖSUNG –

Puzzleteile:

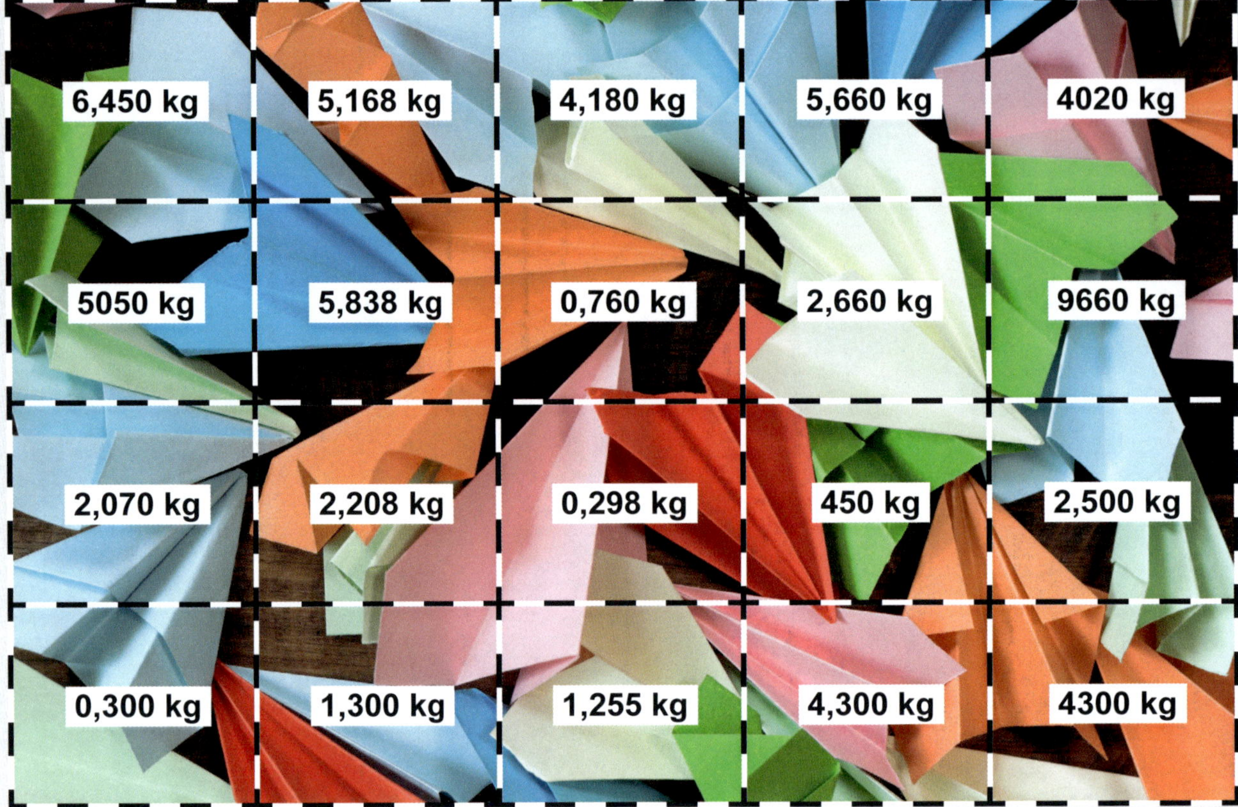

Spielplan:

4,380 kg + 2 kg 70 g = 6,450 kg	4,080 kg + 1 kg 88 g = 5,168 kg	0,380 kg + 3 kg 800 g = 4,180 kg	4 kg 830 g + 0,830 kg = 5,660 kg	3 t 30 kg + 0,990 t = 4020 kg
4 t 300 kg + 750 kg = 5050 kg	3800g + 2,038 kg = 5,838 kg	380 g + 0,380 kg = 0,760 kg	0,830 kg + 1830 g = 2,660 kg	4 t 830 kg + 4,830 t = 9660 kg
6,450 kg – 4 kg 380 g = 2,070 kg	4,008 kg – 1 kg 800 g = 2,208 kg	0,900 kg – 602 g = 0,298 kg	1 t 100 kg – 650 kg = 450 kg	3 kg 250 g – 0,750 kg = 2,500 kg
2 kg 50 g – 1,750 kg = 0,300 kg	3050 g – 1,750 kg = 1,300 kg	2 kg 5 g – 0,750 g = 1,255 kg	6,050 kg – 1750 g = 4,300 kg	6,050 t – 1 t 750 kg = 4300 kg

PUZZLE

MATHE-TRAINING

So geht's: Berechne die fehlenden Größen und male nur die Felder mit den Ergebnissen mit einer Farbe aus.

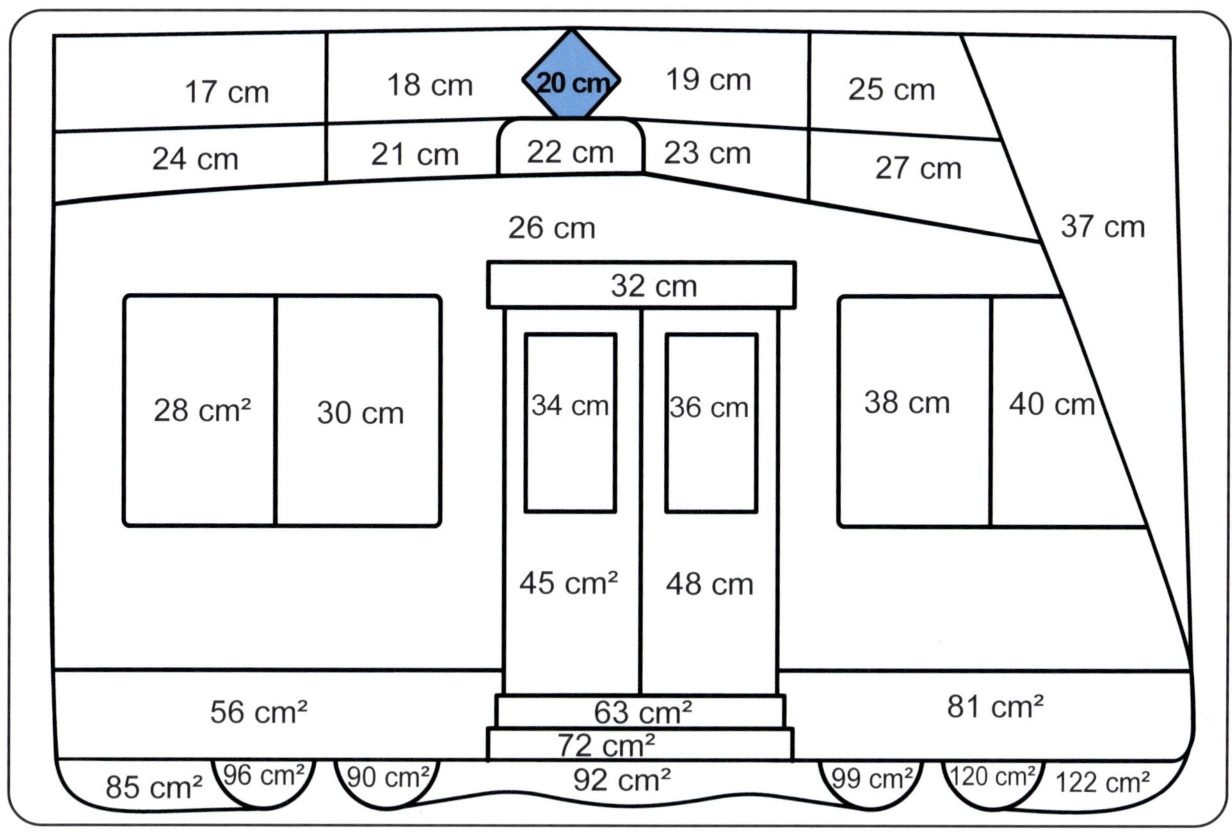

Seitenlängen		Umfang u (cm)
a (cm)	b (cm)	
5 cm	5 cm	**20 cm**
7 cm	4 cm	cm
10 cm	9 cm	cm
8 cm	7 cm	cm
12 cm	6 cm	cm
4 cm	20 cm	cm
6 cm	7 cm	cm
9 cm	11 cm	cm
7 cm	10 cm	cm
9 cm	7 cm	cm

Seitenlängen		Fläche A (cm²)
a (cm)	b (cm)	
9 cm	11 cm	cm²
10 cm	9 cm	cm²
4 cm	7 cm	cm²
6 cm	12 cm	cm²
3 cm	15 cm	cm²
7 cm	8 cm	cm²
12 cm	10 cm	cm²
9 cm	9 cm	cm²
8 cm	12 cm	cm²
7 cm	9 cm	cm²

AUSMALEN

KOHL VERLAG – MATHE-TRAINING ... zur Wiederholung & Festigung / Klasse 5 – Bestell-Nr. 13 025

– LÖSUNG –

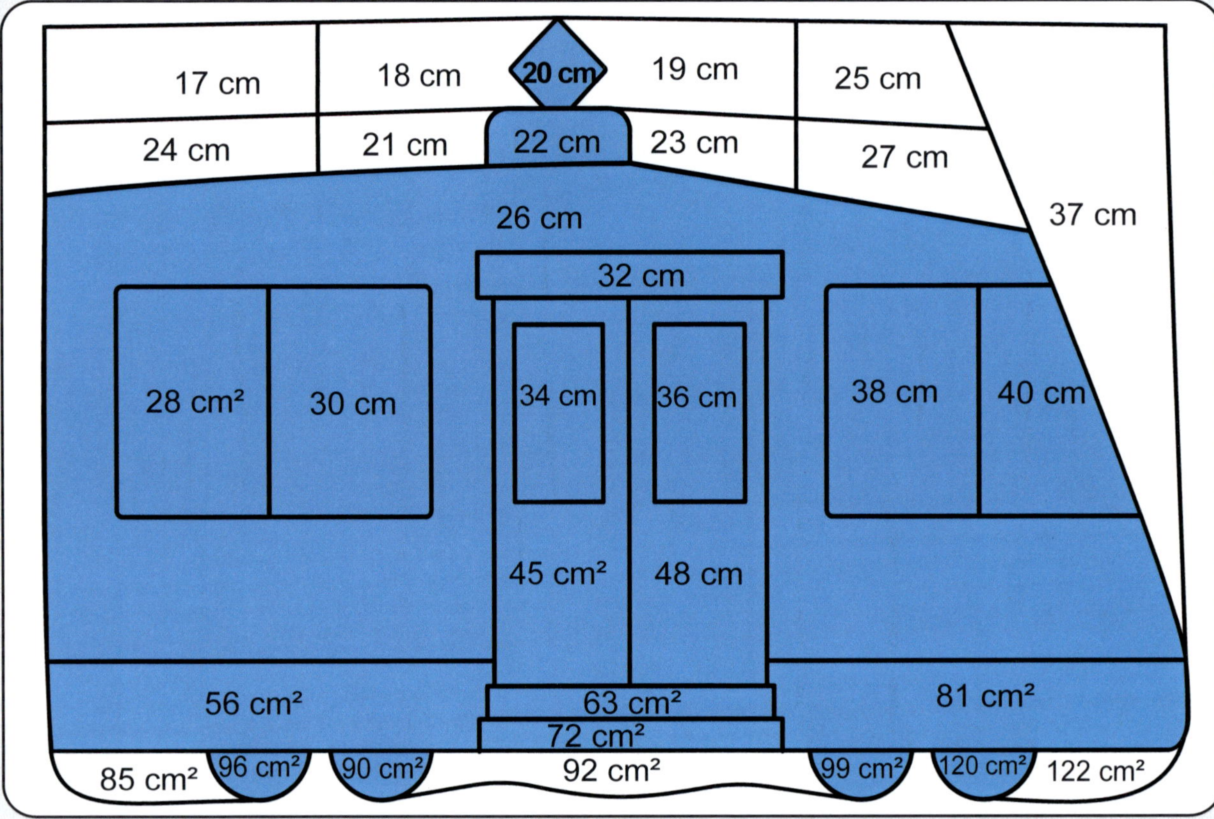

Seitenlängen		Umfang u (cm)
a (cm)	b (cm)	
5 cm	5 cm	**20 cm**
7 cm	4 cm	**22 cm**
10 cm	9 cm	**38 cm**
8 cm	7 cm	**30 cm**
12 cm	6 cm	**36 cm**
4 cm	20 cm	**48 cm**
6 cm	7 cm	**26 cm**
9 cm	11 cm	**40 cm**
7 cm	10 cm	**34 cm**
9 cm	7 cm	**32 cm**

Seitenlängen		Fläche A (cm^2)
a (cm)	b (cm)	
9 cm	11 cm	**99 cm²**
10 cm	9 cm	**90 cm²**
4 cm	7 cm	**28 cm²**
6 cm	12 cm	**72 cm²**
3 cm	15 cm	**45 cm²**
7 cm	8 cm	**56 cm²**
12 cm	10 cm	**120 cm²**
9 cm	9 cm	**81 cm²**
8 cm	12 cm	**96 cm²**
7 cm	9 cm	**63 cm²**

AUSMALEN

Quadrat und Rechteck (Fläche und Umfang)

So geht's: Berechne die fehlenden Größen und male nur die Felder mit den Ergebnissen mit einer Farbe aus.

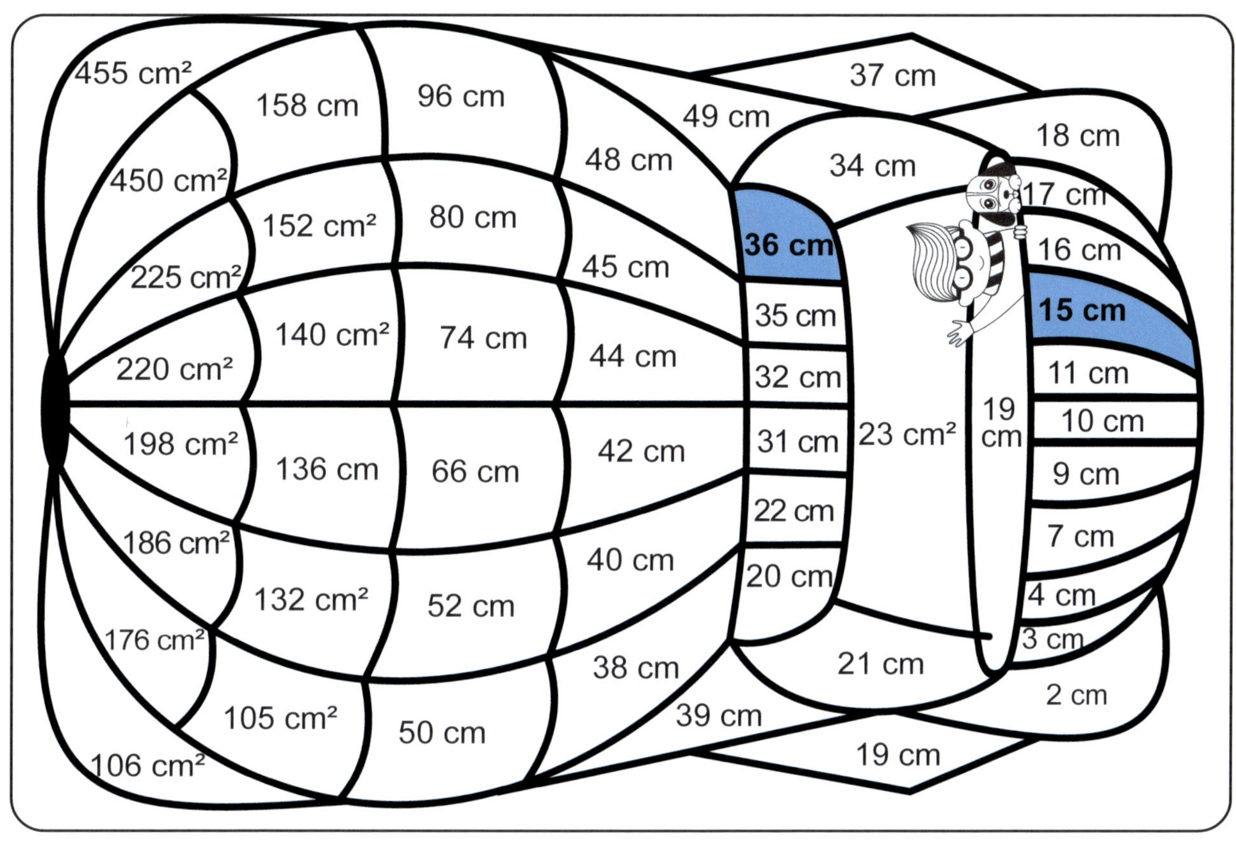

Seitenlängen		Fläche A	Umfang u
a (cm)	b (cm)	(cm²)	(cm)
3 cm	**15 cm**	45 cm²	**36 cm**
4 cm	cm	80 cm²	cm
5 cm	cm	160 cm²	cm
2 cm	cm	34 cm²	cm
8 cm	cm	320 cm²	cm
65 cm	cm	195 cm²	cm
16 cm	cm	160 cm²	cm
70 cm	cm	630 cm²	cm
33 cm	cm	231 cm²	cm
5 cm	cm	80 cm²	cm

Seitenlängen		Fläche A	Umfang u
a (cm)	b (cm)	(cm²)	(cm)
cm	8 cm	cm²	60 cm
cm	3 cm	cm²	76 cm
cm	5 cm	cm²	98 cm
cm	35 cm	cm²	78 cm
cm	12 cm	cm²	46 cm
cm	5 cm	cm²	100 cm
cm	3 cm	cm²	138 cm
cm	9 cm	cm²	118 cm
cm	8 cm	cm²	54 cm
cm	36 cm	cm²	74 cm

AUSMALEN

MATHE-TRAINING
... zur Wiederholung & Festigung / Klasse 5 – Bestell-Nr. 13 025
KOHL VERLAG

– LÖSUNG –

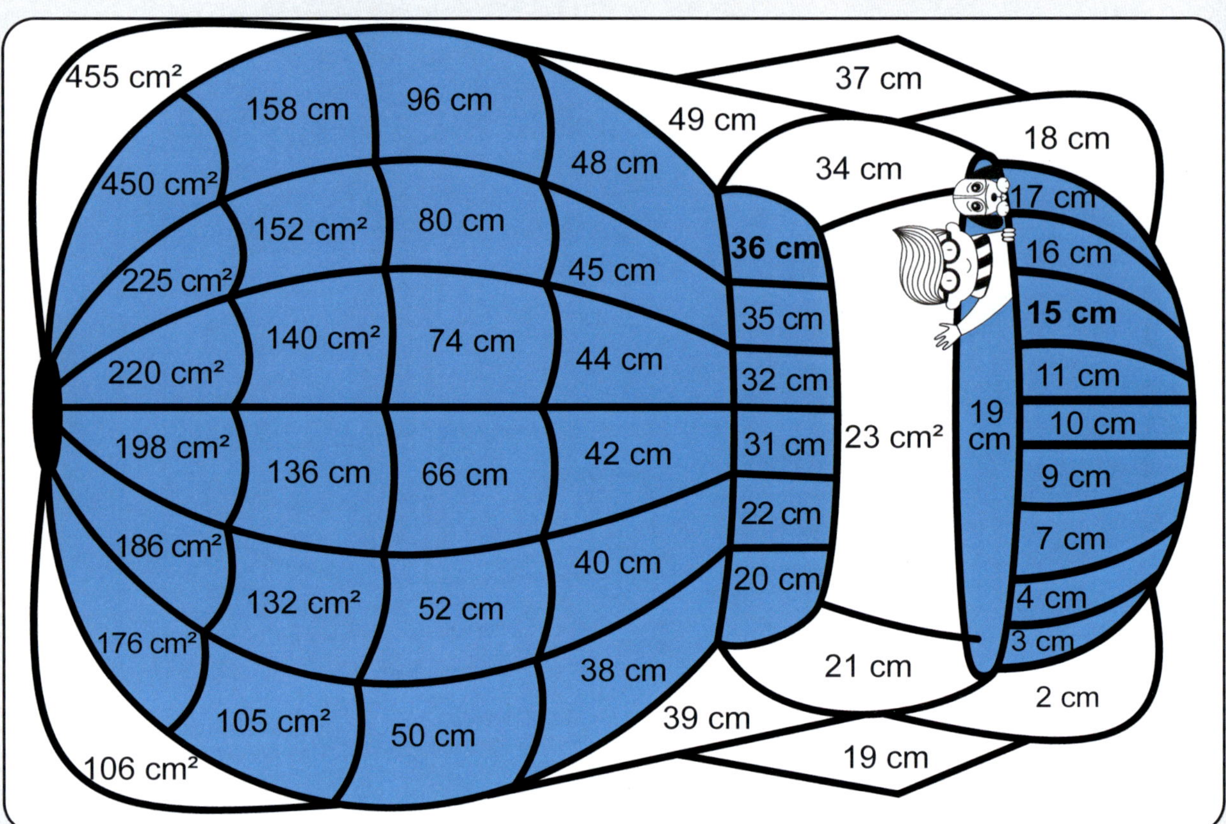

Seitenlängen		Fläche A	Umfang u
a (cm)	b (cm)	(cm²)	(cm)
3 cm	**15 cm**	45 cm²	**36 cm**
4 cm	**20 cm**	80 cm²	**48 cm**
5 cm	**32 cm**	160 cm²	**74 cm**
2 cm	**17 cm**	34 cm²	**38 cm**
8 cm	**40 cm**	320 cm²	**96 cm**
65 cm	**3 cm**	195 cm²	**136 cm**
16 cm	**10 cm**	160 cm²	**52 cm**
70 cm	**9 cm**	630 cm²	**158 cm**
33 cm	**7 cm**	231 cm²	**80 cm**
5 cm	**16 cm**	80 cm²	**42 cm**

Seitenlängen		Fläche A	Umfang u
a (cm)	b (cm)	(cm²)	(cm)
22 cm	8 cm	**176 cm²**	60 cm
35 cm	3 cm	**105 cm²**	76 cm
44 cm	5 cm	**220 cm²**	98 cm
4 cm	35 cm	**140 cm²**	78 cm
11 cm	12 cm	**132 cm²**	46 cm
45 cm	5 cm	**225 cm²**	100 cm
66 cm	3 cm	**198 cm²**	138 cm
50 cm	9 cm	**450 cm²**	118 cm
19 cm	8 cm	**152 cm²**	54 cm
31 cm	6 cm	**186 cm²**	74 cm

AUSMALEN

Quadrat und Rechteck (Fläche, Umfang und Seiten)

45**

So geht's: Berechne die fehlenden Größen und male nur die Felder mit den Ergebnissen mit einer Farbe aus.

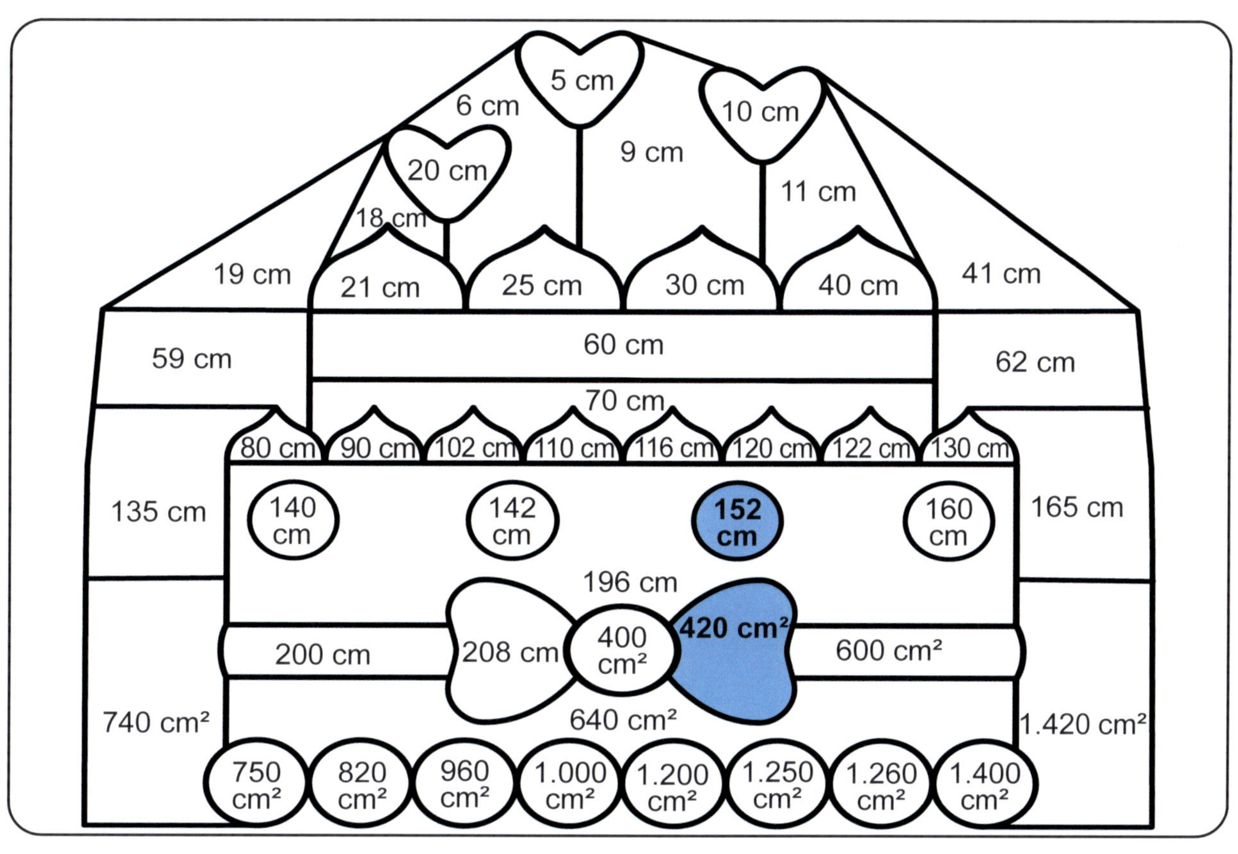

Seitenlängen		Fläche A	Umfang u
a (cm)	b (cm)	(cm²)	(cm)
70 cm	6 cm	**420 cm²**	**152 cm**
8 cm	50 cm	cm²	cm
60 cm	20 cm	cm²	cm
20 cm	41 cm	cm²	cm
15 cm	50 cm	cm²	cm
14 cm	90 cm	cm²	cm
8 cm	cm	720 cm²	cm
50 cm	cm	250 cm²	cm
50 cm	cm	1.050 cm²	cm

Seitenlängen		Fläche A	Umfang u
a (cm)	b (cm)	(cm²)	(cm)
90 cm	cm	900 cm²	cm
11 cm	cm	440 cm²	cm
10 cm	cm	600 cm²	cm
cm	8 cm	cm²	176 cm
cm	5 cm	cm²	250 cm
cm	50 cm	cm²	140 cm
cm	50 cm	cm²	150 cm
cm	32 cm	cm²	124 cm
cm	20 cm	cm²	180 cm

AUSMALEN

MATHE-TRAINING … zur Wiederholung & Festigung / Klasse 5 – Bestell-Nr. 13 025
KOHL VERLAG

– LÖSUNG –

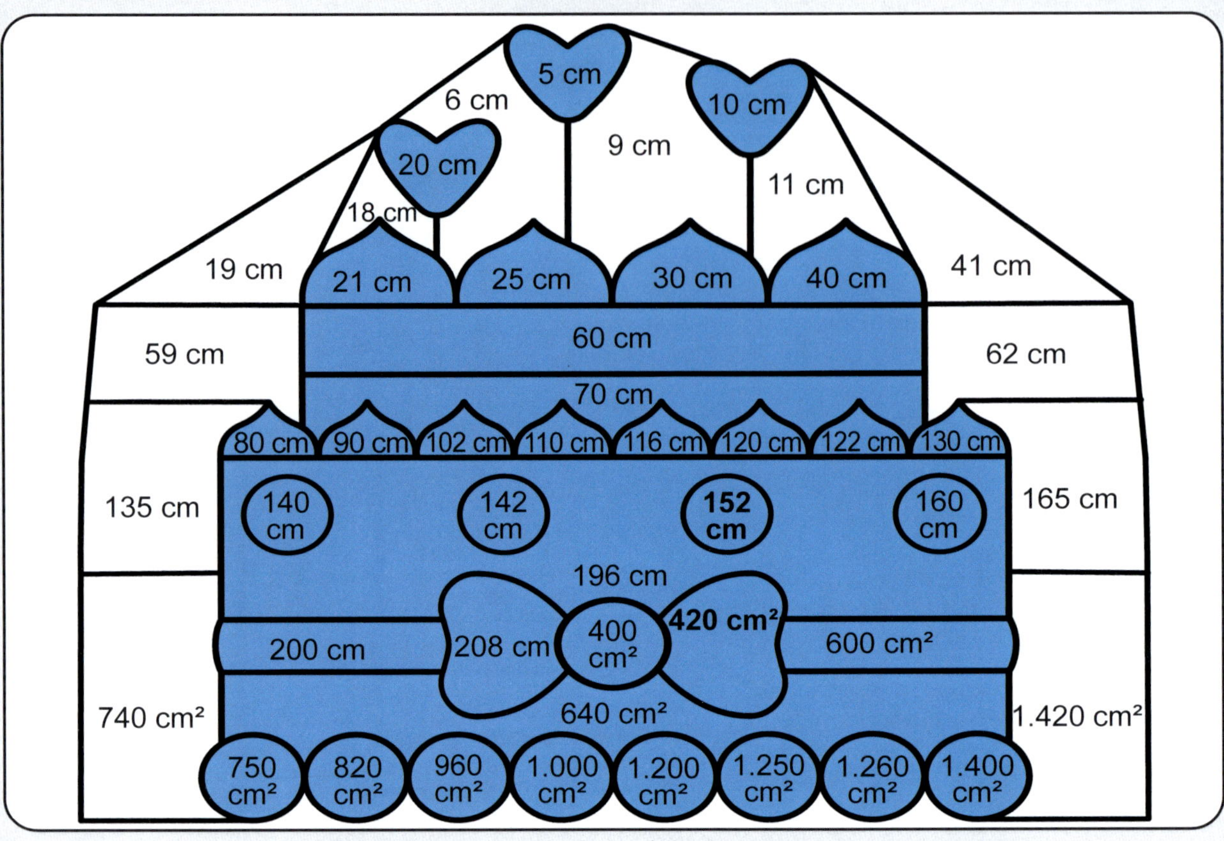

Seitenlängen		Fläche A	Umfang u
a (cm)	b (cm)	(cm^2)	(cm)
70 cm	6 cm	**420 cm²**	**152 cm**
8 cm	50 cm	**400 cm²**	**116 cm**
60 cm	20 cm	**1.200 cm²**	**160 cm**
20 cm	41 cm	**820 cm²**	**122 cm**
15 cm	50 cm	**750 cm²**	**130 cm**
14 cm	90 cm	**1.260 cm²**	**208 cm**
8 cm	**90 cm**	720 cm²	**196 cm**
50 cm	**5 cm**	250 cm²	**110 cm**
50 cm	**21 cm**	1.050 cm²	**142 cm**

Seitenlängen		Fläche A	Umfang u
a (cm)	b (cm)	(cm^2)	(cm)
90 cm	**10 cm**	900 cm²	**200 cm**
11 cm	**40 cm**	440 cm²	**102 cm**
10 cm	**60 cm**	600 cm²	**140 cm**
80 cm	8 cm	**640 cm²**	176 cm
120 cm	5 cm	**600 cm²**	250 cm
20 cm	50 cm	**1.000 cm²**	140 cm
25 cm	50 cm	**1.250 cm²**	150 cm
30 cm	32 cm	**960 cm²**	124 cm
70 cm	20 cm	**1.400 cm²**	180 cm

AUSMALEN